시와창작
문학대상
수상작집

내 삶의 뒤안길

이혜경 수필집

광진문화사

이혜경 수필집
내 삶의 뒤안길

인쇄 2022년 12월 20일
발행 2022년 12월 25일

지은이 이혜경
발행인 유차원
펴낸곳 광진문화사
발행소 04556 서울 중구 마른내로 4가길 5
        상현빌딩 3층 광진문화사
전 화 02-2278-6746
작가 이메일 klecp@hanmail.net
출판 등록 제2-4312

*이 책의 저작권은 저자에게 있습니다.
*저자의 서면 동의없는 무단 전재 및 복제를 금합니다.
*인지는 생략합니다.
*잘못된 책은 바꿔 드립니다.

내 삶의 뒤안길

이혜경 수필집

〈작가의 말〉
은혜로 살아온 내 삶의 뒤안길을 돌아보며!

누구나 지나간 아름다운 시절을 추억할 권리가 있다. 〈1부. 유년 시절의 뜨락〉은 하늘이 내려주신 부모님과의 어린 시절 추억의 기억을 떠올렸다. 물론 어린 시절에 꼭 좋은 일만 매일 일어난 것은 아니지만, 내 삶에 좋은 영향을 주신 부모님과의 추억이 나이가 들어갈수록 새록새록 떠올라서 부모님 모두 돌아가신 후 가슴 속 그리움이 더욱 사무쳤다. 부모님을 양지바른 통일동산에 나란히 합장시켜 드렸다.

성인으로 성장하면서 어려운 일이나 힘든 일이 예고없이 다가왔을 때 부모님의 사랑을 먹고 자란 귀한 경험들이 내 인생의 자양분이 되어 꿋꿋이 이겨나갈 수 있었다.

〈2부. 교단 산책〉은 한평생 교직에 몸담아 오면서 정말 희노애락의 많은 사연이 있었다. 여러 가지 사연들을 일일이 열거할 수는 없으나 가끔 교단수기에 응모된 작품을 모은 것이고, 교직에 있으면서 잊지 못하였던 일들을 모아보았다.

이 글을 준비하는 도중 갑자기 전혀 모르는 전화가 왔는데 다른 때 같으면 모르는 번호의 전화는 결코 받지 않았다. 그런데 그 날 따라 이상하게 전화를 받고 싶었다. 30 여년 전 가르친 제자가

나를 찾기 위해 여러 군데 수소문하고

　나의 전화번호를 알아내었다 하며 기적같이 전화 통화를 하게 되었다. 너무 반갑고 기뻤는데 아마 이런 기분의 심정은 교직의 직업이 아니면 어느 누구도 느끼지 못할 보람있는 일이라 여겨진다.

　〈3부. 병실 창가에서〉는 지난 겨울에 본의 아니게 어느날 갑자기 병마가 찾아와 오랜 시간 씨름을 벌이게 되어 일어난 이야기들이다. 병실에서 몇 달을 지내며 있는 동안 병실일기를 조금씩 쓰게 되었다. 내가 병실에서 겪은 일과 관찰한 것을 돌아보았다. 건강은 건강할 때 잘 지켜야 하고 '돈이나 명예를 잃어버린 것보다도 건강을 잃어버리면 모두 다 잃어버린 것이다' 라는 말을 더욱 절실하게 느낀 나날들이었다. 병원에서 많이 아픈 환우들을 바라보는 시각이 남달라졌으며 그들의 쾌유를 위해 기도드리는 심정이다.

　〈4부. 인생 수첩〉에서는 그동안 살아오며 우리집 가훈이 〈범사에 감사하라〉였던 것처럼, 매사에 긍정적이고 감사하는 태도로 살아가는 것이 곧 나를 위한 것임을 느끼게 되어 강조하고 싶었다. 그 중 중요한 것을 생각해보면 '네가 받은 축복을 세어보아라.' 라는 말씀이 떠올라서 매일 아침에 눈을 뜨면 살아있어 감사함을 느낀다.

　내 삶을 돌아보는 이 글을 쓰며 나 자신을 오히려 치유하는 계기가 되었고 인생의 무지개 빛을 조금씩 알아가는 느낌이었다.

　지금까지 지내온 것 하나님의 은혜라고 시작하는 찬송가 구절처럼 나 역시 모든 것들을 은혜로 살아왔다고 여긴다. 내 삶을 돌아보면서 주변의 좋은 분들을 많이 만나 나의 별명이 〈재물부자〉보다 〈사람부자〉라는 말을 들은 것은 너무 큰 축복이다. 너무나 부끄러운 마음으로 이 글을 세상에 내어보지만 이 글을 정리하며 더욱 고마운 분들을 떠올리며 모두 인사드리고 싶다.

특히 이 글을 세상에 나오도록 아낌없이 격려해 주시고 지도해 주신 한국문인협회 소설분과 이은집 회장님께 존경과 깊은 감사의 인사를 올리고 싶다.

지난 밤 겨울을 재촉하는 굵은 가을비가 내렸다. 만추의 계절 마지막까지 빨간 빛을 잃지 않고 바람에 떨고 있는 한 그루의 단풍나무를 보았다. 내 마음도 그런 마지막 단풍처럼 아름답게 나의 흔적을 남기며 떨고 싶다.

2022년 늦가을에
이 혜 경

〈축하의 말〉
소설보다 더 큰 감동을 주는 수필을 위하여!

　요즘 방송가의 대세는 트롯 열풍이 아닌가 합니다. 모 종편 방송에서 〈미스 트롯〉과 〈미스터 트롯〉의 경연 프로로 촉발된 대한민국의 트롯 열풍은 전국에 숨어있던 수많은 무명가수와 가수를 꿈꾸는 지망자들의 경연장으로 그들의 놀라운 가창력과 저마다의 애절한 사연은 시청자의 환호와 감동의 박수를 받기에 충분했던 것입니다.

　여기 첫 수필집 〈내 삶의 뒤안길〉을 선보이는 이혜경 수필가님의 작품을 읽노라면 바로 〈미스/미스터 트롯〉으로 스타덤에 오른 가수의 무대를 보는 것처럼 단숨에 작품속에 빠져들게 됩니다. 이혜경 수필가님의 작품은 꼭 소설같은 이야기에 소설보다 더 큰 감동을 주는 특징이 있기 때문이라고 하겠습니다. 일찌기 피천득 수필가는 〈수필은 붓가는 대로 쓰는 글〉이라 했지만, 이혜경 수필가 님은 자신이 평생 살아온 구체적 삶의 현장을 한 편의 소설처럼 수필로 엮어서 독자에게 실감과 재미와 감동을 선사하는 것입니다.

〈제1부의 유년의 뜨락〉〈제2부 교단 산책〉〈제3부 병실 창가에서〉〈제4부 인생 수첩〉로 차려진 수필잔치에 독자들은 이혜경 수필가의 작품속으로 혼연일체 빠져들게 되어 함께 웃고 울고 기뻐하는 독후감에 이르게 될 것입니다.

저는 문단에 데뷔한 지 50여년에 수십 권의 저서를 썼지만, 이번에 이혜경 수필가의 첫 수필집 〈내 삶의 뒤안길〉을 읽으면서 이 수필집의 재미와 의미와 감동에 푹 빠져버렸습니다. 그래서 저는 이혜경 수필가님의 첫 수필집 〈내 삶의 뒤안길〉이 요즘 방송가를 강타하는 〈미스/미스터 트롯〉 가수의 노래처럼 우리 출판계에 바람을 일으키고 독자님들의 뜨거운 사랑을 받게 되기를 기원하는 바입니다. 감사합니다.

2022년 12월에
한국문인협회 소설분과 회장 이 은 집

| 차 례 |

작가의 말 : 은혜로 살아온 내 삶의 뒤안길을 돌아보며! / 4
축하의 글 : 소설보다 더 큰 감동을 주는 수필을 위하여! / 7

제1부 유년의뜨락

하나 - 옛집 생각 / 14
둘 - 공원집 딸 / 20
셋 - 첫 스킨십 / 25
넷 - 나는 양식이 좋다 / 29
다섯 - 할머니 사랑 / 33
여섯 - 강아지 트라우마 / 40
일곱 - 부모님의 18번 애창곡 / 45
여덟 - 꼬마 친구들 / 49
아홉 - 어머니의 일본여행 / 55
열 - 달빛 수영 / 60
열하나 - 로또우유 / 64

| 차 례 |

제2부 교단 산책

하나 - 7년만의 애프터 서비스 / 70
둘 - 교사가 가장 훌륭한 직업이라고
      일깨워 주신 나의 스승님 / 77
셋 - 봄꽃들의 합창 / 84
넷 - 봄이 오는 길 / 95
다섯 - 나를 아름답게 하는 아이들 / 100
여섯 - 색칠놀이 / 109
일곱 - 마지막 담임 / 117
여덟 - 장미 한 송이 / 123
아홉 - 최고의 선물 / 132
열 - 우리반 싸움짱의 추억 / 139
열하나 - 파랑새의 꿈 / 146
열둘 - 은사님의 추억 / 155
열셋 - 세 박자의 힘 / 159

| 차 례 |

제3부 병실 창가에서

하나 - 503호 할머니들 / 166
둘 - 잊을 수 없는 수치심 / 171
셋 - 박수 받은 일 / 176
넷 - 병실에서 지낸 설날 / 180
다섯 - 간병사의 하루 / 184
여섯 - 의사와 교사 / 189
일곱 - 걷기의 축복 / 193
여덟 - 병원 옥상에 간 날 / 197
아홉 - 할머니 환자와 할아버지 환자 / 201
열 - 처음 겪는 일 / 205

| 차 례 |

제4부 인생 수첩

하나 - 시 낭송의 기쁨 / 210
둘 - 가을을 떠나 보내며 / 217
셋 - 생과 사의 갈림길에서 / 222
넷 - 감사투성이 / 228
다섯 - 고마운 일만 기억하기 / 232
여섯 - 감사수첩으로 시작하는 하루 / 236
일곱 - 가슴에 품어온 마지막 작은 예배 / 241
여덟 - 행복연구회 / 246
아홉 - 말투 / 252
열 - 어머니와 도시락 추억 / 257
열하나 - 나를 키워준 스승들 / 261
열둘 - 잊을 수 없는 학부모 / 267

제1부

유년의 뜨락

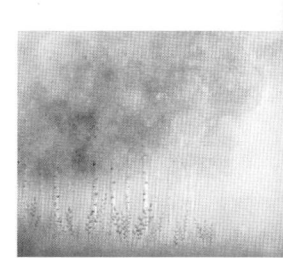

하나 - 옛 집 생각
둘 - 공원집 딸
셋 - 첫 스킨십
넷 -나는 양식이 좋다
다섯 - 할머니 사랑
여섯 - 강아지 트라우마
일곱 - 부모님의 18번 애창곡
여덟 - 꼬마 친구들
아홉 - 어머니의 일본여행
열 - 달빛 수영
열하나 – 로또우유

하나 옛집 생각

우리가 어렸을 때는 주로 몸을 이용한 놀이가 많았다. 가족과 어린 시절에 하던 놀이는 몸으로 배워가며 하는 놀이가 참 많았던 것으로 생각이 든다. 안방에서 다같이 몸을 사용하며 가족과 하던 여러 종류의 놀이도 많았는데 그 중에서 나는 다리세기 놀이가 가장 즐거운 추억으로 생각난다.

날씨가 추운 겨울철에 가족들과 방안에서 많이 했던 놀이이다. 특히 정월 대보름이나 명절 때 친구끼리 삼삼오오 모여서 다리세기를 했지만 나는 부모님과 집에서 그런 놀이를 더 많이 한 것 같다. 다리세기 놀이는 온돌을 기본으로 했던 우리나라의 오랜 주거 생활의 전통에서 발생한 놀이로 짐작되나 그 유래는 분명치 않다고 한다.

다리세기를 하는 방법은 대개 순서를 정하거나 꼴찌를 한 아이(술래)에게 벌칙을 부과할 목적으로 놀이를 하는 것이 일반적이다. 놀이를 하려면 먼저 5~10명이 두 줄로 마주 본 채 다리를 펴고 앉는다. 그리고 한쪽 다리가 서로 엇갈리도록 맞은편 아이의 다리 사이에 끼운다. 이윽고 놀이가 시작되면 흥겹게 합창하며 차례로 다리를 세되, 노래가 끝나는 마지막 구절에 짚인 다리는 오므린다. 이를테면 다음의 가사와 같이 "이거리 저거리 각거리, 천사 만사 두만사, 돌아간다 장두칼, 여땅개 저땅개, 쇠머리땅개 끝바꿈!" 하고 노래를 계속 부른다. 이때 한 구절마다 다리를 세다가 '끝바꿈'에 지목된 아이의 다리는 구부리게 한다. 그런 다음 남아 있는 다리를 대상으로 처음부터 다시 놀이를 시작한다.

이와 같은 방법으로 다리세기를 반복하여 양쪽 다리를 모두 오므린 아이의 순으로 등위가 매겨진다. 그리하여 마지막까지 지목받지 못해 한쪽 다리를 펴고 있는 아이는 술래가 된다. 이때 술래에게 가해지는 벌칙은 노래하기, 춤추기, 심부름, 등 두드리기, 알밤주기 같은 것들이 있다. 우리 가족도 집에서 이런 놀이를 하며 함께 하면서 웃고 노래하며 지낸 적이 많다.

지금은 집에서 가족과 함께 실내용 놀이를 예전처럼 이렇게 하지 않는 편이다. 시대가 급변하며 텔레비전, 컴퓨터, 스마트폰 등의 각종 매체가 발달한 이유도 있고 교통의 발달로 바깥 여행이나 나들이를 편리하게 많이 나갈 수 있기 때문이다.

특히 스마트폰의 보급으로 인하여 가족과 대화하는 소통의 부

재가 일어나게 되었다. 최근 가족끼리 안방에서 둘러앉아 서로 마주보고 웃으며 노래하는 그런 놀이는 대부분 찾아보기 힘든 편이다. 나에게는 너무 행복한 시절의 옛집에서 떠올리던 놀이의 추억들이지만, 요즘 아이들에게는 놀이가 네모 장난감 같은 스마트폰에게 점령을 당해 버렸다.

나에게 집이라는 단어를 떠올리면 옛집에서 가족과 함께 하였던 어린 시절의 여러 가지 놀이들이 생각난다. 어린 시절부터 부모님과 신체를 통하여 배우는 놀이를 하면서 즐거웠던 추억의 웃음소리가 아직도 내 귓가에 들리고 눈가에 행복한 미소가 자리잡는다.

아이가 어린 시절에는 엄마와의 놀이 시간을 통해 정서적인 케어(care)받는 기분을 느낀다면, 아버지와의 놀이 시간에는 힘(power)을 느낀다고 한다. 나의 어린 시절도 더듬어 보면 우리 아버지는 분명히 힘이 셌다. 아버지의 힘을 느끼고 그 힘을 모델링 하려는 모습을 많이 보면서. 아버지가 보였던 놀이나 행동을 반복적으로 따라 해보며 어린 아이들은 성취감을 느끼고 자신감을 키우게 된다고 하는 말이 무척 공감이 된다.

집에서 하는 엄마와의 다양한 놀이도 많지만 특히 아버지와의 놀이 시간에는 아버지의 힘을 느끼면서 어린 아이 스스로 자신의 힘을 느끼게 된다.

놀이를 하게 되면서 자신의 힘의 세기의 정도를 알게 되고 아버지와 놀이 안에서 그 힘을 마음껏 발휘해보고, 아이들은 아버지와 힘을 조절해서 놀이를 하면서 스스로 힘을 조율하는 방법도 기르게 된다.

가끔 우리 부모님은 우리와 노는 놀이에서 일부러 져주시기도 하였다. 그럴 때 내가 부모님을 용케 이겼다고 듣는 칭찬은 그 당시 나의 기분이 업(up)되면서 무엇이든 할 수 있을 것 같은 자신감이 쑥쑥 커지는 느낌을 받았다.

나에게 옛집에서의 하루 하루는 금쪽같이 귀한 시간이었고 지금같이 아파트 문화가 아닌 마당 있는 집에서 실컷 뛰어 놀던 시절이었다. 예전의 우리 집은 다른 친구네 집보다 마당이 조금 더 넓어서 우리 집은 친구들과 함께 놀이의 아지트가 되었다. 부모님은 마당에 아름다운 꽃들을 많이 심고 온갖 채소를 기르시며 닭도 몇 마리 키웠다. 어릴 때 수탉이 내 다리를 갑자기 쪼아대던 기분 나쁜 기억 때문에 나는 한동안 닭고기를 입에도 대지 않았던 적이 있다.

아침 일찍 눈뜨면 마당에 나가 오늘은 어느 꽃이 피었나 궁금하여 쳐다보고 이슬 먹은 꽃향기 냄새를 맡다보면 아버지께서 전정가위로 꽃나무들을 다듬으시다가 싱싱한 장미를 몇 송이 잘라서 담임 선생님 책상 위의 꽃병에 꽂아놓으라고 하셨다. 그 당시 담임 선생님 책상 위의 꽃병은 우리집에서 매일 조금씩 꽃을 잘라와서 내가 예쁘게 꾸며 놓았고 선생님은 우리집 꽃들이 늘 싱싱하고 이쁘다고 좋아하셨다.

학교에서 돌아오면 동생과 마루에 누워서 숙제를 하기도 했는데 마당에 있던 앵두나무에서 앵두를 따서 사발에 한가득 담아 앵두를 먹는 재미로 숙제를 하기도 하였다.

어느 날, 즐겁게 놀던 옛집이 그리워서 옛날에 살던 동네를 마침 지나갈 일이 있을 때 한 번 들른 적이 있다. 그렇게 마당이 넓었다고 생각한 집은 생각보다 그렇게 마당이 넓은 것은 아니었다. 옛집 근처에 가니 내가 부모님과 집에서 추억의 다리세기 놀이를 하며 지냈고 저녁 식사 후 밤이 되면 부모님 가슴에 파묻고 옛이야기를 재미있게 들었던 시절이 지금도 또렷하게 기억이 났다.

또한 텔레비전이 없던 시절에는 라디오에 집중하며 가족끼리 둘러앉아 매일 연속극을 기다리며 지내던 그린 집이나. 오랜 세월이 흘러 다시 찾아간 옛집이 이제는 그 당시 흔적은 하나도 없이 회색빛 무뚝뚝한 다른 건물만이 나의 옛 집터에 자리를 잡고 있었다.

우리집 가까이에 있던 초등학교 운동장도 어린 시절에는 무슨 올림픽 경기장처럼 아주 넓게 느껴지던 그런 마음이었는데, 막상 어른이 되어 초등학교 운동장에 도착하여 바라보니 신나게 뛰어놀던 운동장은 어린이 때처럼 생각하던 그런 크기보다 작은 경우를 알게 된다.

나의 유년시절을 행복한 발걸음으로 옮겨가게 해 준 옛 집을 떠올리다 보면 단순히 의식주를 해결하던 건물이라기보다는 나의 삶을 살아가며 영원히 가족 사랑하는 마음을 담고 있던 보배의 그릇이었다.
　그래서 나의 옛집 생각은 언제나 타임머신을 타고 나를 키워가는 자양분으로 디딤돌이 되어 주었고 그런 아름다운 유년의 뜨락을 경험하게 해주신 부모님께 지금도 깊이 감사드리고 있다.
　오늘같이 재난문자가 폭주하는 폭염 더위에 부모님이 무사히 잘 계시는지 그 뜨거운 뙤약볕이 내려 쪼이는 부모님 산소를 얼른 찾아가 뵈어야겠다.

둘. 공원집 딸

나의 어린 시절 별명은 공원집 딸이었다. 나의 아버지는 Y구 공무원이셨고, 그당시 서울에서 거의 얼마 없는 구립공원을 혼자 맡아 관리하시고 운영하시고 계셨다. 그래서 우리 가족은 공원이 붙어있는 공원 사택에서 살았고, 아비지께서는 공원을 관리하고 운영하시느라 항상 바쁘셨던 기억이 난다.

넓은 공원은 항상 나의 개인적인 마당으로 여겼고 마음껏 신나게 뛰어노는 나만의 놀이터였다. 그래서 나의 친구들은 우리집이 매우 넓고 실컷 뛰어 놀 수 있어서 우리 집에 놀러오는 것을 엄청 좋아하였다.

그러나 나는 공원집 딸이라는 별명이 싫었다. 왜냐하면 우리 집만의 사생활이 없다고 생각하였고 모든 사람들이 집안에 많이 드나들었기 때문이다. 부모님의 친구분들도 무슨 모임이 있을 때는 항상 우리집에서 모임을 가졌다.

　게다가 서울에서 손꼽을 정도로 몇 안되는 수영장이 공원안에 있어서 여름방학에 수영장을 개장하면 수영장에 물놀이 하려고 들어오려는 어린이들로 공원이 만원 상태였다. 여름방학이면 수영장 들어가는 줄이 뱀꼬리처럼 엄청 길게 늘어서고 사람들이 많이 기다려서 두시간마다 나누어 입장을 시킬 정도였다.

　여름에는 수영장 때문에 정신없을 정도로 바빠서 아버지는 요즘의 알바생같은 의미로 일을 도와줄 사람을 항상 고용하였고, 안전관리에도 신경을 많이 쓰셨다. 너무 수영장에 사람들이 여름에 몰려드니 생활에 여유가 있는 어떤 이들은 공원 수영장을 똥물 수영장이라 하며 다른 곳으로 피서를 떠났고 공원의 구립 수영장은 주로 일반 아이들이 애용하였다.
　수영장 사용 시간을 두시간 단위로 운영을 해도 여름방학 때의 수영장은 늘 만원이었다. 수영장 줄을 길게 서서 기다릴 때면 어김없이 아이스케키를 파는 어린 장사꾼이 나타나서 아이스박스 같은 양철통에 들어있는 시원한 아이스케키를 많이 팔았다.

　지금 생각하면 요즘 천원도 안되는 굉장히 저렴한 구립 수영장이었다는 생각이 든다. 우리는 여름 내내 수영장 운영시간이 끝나면 형제들이 저녁에 모여서 아버지의 명령대로 수영장 요금을 아버지와 같이 돈을 세느라 바빴다. 수영장은 매우 저렴한 비용으로 구에서 운영하는 것이지만 기본 수영장 비용은 받고 있었다. 그래서 그당시 아이들은 주로 동전을 내고 입장하는 것이라 수영장 운영이 끝나는 저녁이면 우리 형제들은 동전을 단위별로 맞추어가며 돈을 세는 것이었다. 아버지는 동전을 신문지에 단위별로 끈에 묶어서 구청에 갖다 주었다. 아마 우리는 어린 시절 동전을 열심히 세었던 그런 습관 때문에 산수, 수학실력이 좀 발달하였으리라 생각이 된다. 당연히 그 영향으로 우리 형제들이 수포자는 안 되었을 것으로 추측이 된다.

아침에 자고 일어나면 공원에 노숙하며 지내던 노숙자도 많이 보았고, 그당시는 깡통들고 다니며 밥을 구걸하던 거지도 무척 많았다. 우리집도 아침에 거지가 문을 두드리면 문을 열어주고 거지가 가져온 깡통에 밥을 담아 주었다.
특히 아직도 기억나는 것은 공원문 끝 쪽에 홀아비와 어린 딸이 낡은 천막을 치고 둘이 노숙하며 생활하던 모습이다.
아버지는 그 부녀에게 날씨가 추울 때는 담요를 챙겨주시고 먹을 것을 주시며 쫓아내지 않으셨다. 나는 홀아비 밑에서 거지처럼 생활하던 태숙이라는 그 어린 아이와 가끔 그네를 타면서 놀은 적도 있었다.
그당시에는 중학교 입시제도가 있던 시대이고 입시에 체력시험도 있어서 부모들이 아이들을 데리고 공원에 와서 철봉도 시키고 달리기도 시키며 체육시험을 위한 체력훈련도 하였다.

　여러모로 여러 사람들에게 너무 오픈되어 있는 공원집 딸이라는 별명이 싫어서 나는 다른 곳으로 이사를 가자고 부모님을 많이 졸랐다. 그러던 어느날 아버지께서 공원 관리기간의 임기가 끝나게 되어 내 소원대로 다른 동네의 양옥 2층집으로 집을 새로 지어 이사를 갔다.
　나중에 커서 초등학교 친구들을 만나 이야기를 들어보니 내가 너무 넓은 놀이터 같은 집에 뛰어 놀고 살아서 나를 부러워하던 아이들이 많았다고 하였다. 나는 그당시 그 시절을 은근히 창피하다고 여겼는데 말이다.

　사람은 자기 행복이 눈에 안 보이는 법이다. 내가 어린 시절에 공원집에서 누리고 살 때는 못 느꼈지만 지금 어린 시절을 생각해 보면 내가 공원집에 살았을 때가 행복한 추억이 정말 많았고 정서적으로 무척 풍요로운 시절이었다.
　공원 덕분에 친구들도 많이 사귀었고 놀고 싶으면 수시로 친구들을 불러서 뛰어 놀았다. 요즘 시대의 어린이들은 대부분 아파트같이 밀집된 곳에 살고 있으니 그렇게 운동장같은 공원에서 뛰어 논다는 것은 상상도 못할 것이다. 그런 면에서 시골이 고향인 사람들은 정서적으로 참으로 혜택받은 사람들이다.

얼마전 아파트 안에 있는 놀이터를 가보니 아이들이 놀기는 커녕 노인들만 나와서 체력단련 기구로 본인이 운동하기에 바쁜 모습만 보였다. 아마 아이들은 놀 시간도 없이 학원에서 공부하고 있으리라 생각하였다.

가끔 옛 친구들을 만나면 우리 공원집에 친구들이 편히 놀러와서 즐겁게 놀았던 이야기를 자주 하며 추억의 꽃을 피운다. 공원 뒷편 밭에 여러 가지 과일과 채소를 키우고 공원 안에는 꽃나무들로 가득하던 공원의 모습이 떠오른다.

내가 놀고 싶으면 언제든지 나가서 그네나 시소를 원없이 오밤중에도 타던 시절이었다.

지금은 내가 공원집 딸이라는게 자랑스럽게 여겨진다. 그리고 부모님께 이사가자고 매일 떼쓰며 노래부르던 일이 죄송하기도 하다. 내가 어린 시절을 정서적으로 아름다운 자연과 함께 지낸 것이 나중에 성인이 되어서 나의 감정과 감성의 큰 밑거름이 되었다. 나의 정서의 8할은 공원집 딸이었기 때문이다.

셋. 첫 스킨십

나는 이성과의 첫 스킨십으로 떠오르는게 나의 아버지와의 스킨십이다. 아버지는 내가 아기 때부터 많이 안아 주셨겠지만 내 기억으로 가장 잊을 수 없는 스킨십은 나를 안아 주었던 것이 아닌, 초등학교 1학년 때의 스킨십인데 아버지랑 손잡고 걸은 기억이다.

어느 날 저녁에 아버지랑 시장을 같이 가고 있는데 성인 남자인 아버지 걸음이 성큼성큼 빠르다 보니, 나는 같이 걸어가는 것에 내 걸음이 그만큼 빠르지 못하였다. 그래서 보조를 맞추느라 더운 여름에 땀을 찔찔 흘리며 뒤를 쫓아가기 바쁘게 따라갔다. 아버지께서는 그런 내 모습을 보고 같이 손잡고 걷자고 하셨다. 내가 아버지 손을 잡을 때 나의 손에 땀이 너무 많이 난다고 말했더니. 여자는 나중에 커서 남자랑 데이트할 때 남자랑 손잡고 걸을 수 있다고 하며 땀이 나면 안된다고 말씀하셨다.

　그리고는 아버지 옷에 내 손을 문지르고 땀을 없애준 후에 손을 잡고 걸었다. 나는 그때의 아버지 말씀과 그 때의 아버지 손을 잡은 남성의 첫 느낌 감촉이 아직도 살아난다. 그래서 나는 다 커서도 늘 손수건을 가지고 다니며 더워서 땀이 날 때는 얼굴과 손에 나는 땀은 수시로 닦는 습관이 생겼다.

　처음 손을 잡고 걸었던 아버지라는 남성의 손은 나보다 손이 훨씬 컸으며 여러 가지 일을 많이 하셨는데도 울퉁불퉁하거나 기분 나쁜 피부 접촉의 느낌이 아니었다. 내가 내 손보다 더 큰 손 안에 포근하게 안겨있는 손, 나를 안전하게 지켜주고 보호해줄 것 같은 손, 그리고 피부가 닿았을 때 느낌이 불쾌하지 않은 기분좋은 손이었다. 나중에 대학에 들어가서 많은 남자 대학생과 미팅도 하여 보고 결혼을 전제로 선도 보았으며 소개팅도 받아 보았다.

　어떤 남자는 예의있게 대하였으나 어떤 남자는 무례하게 나의 허락도 없이 손부터 덜컥 잡아채고 걸었다. 그런 사람은 기분이 너무 나빠서 두 번 다시 안 만났다. 그리고 애프터로 다시 만날 때 데이트하며 서로 손을 잡고 걸을 때는 유난히 피부 감촉이 안 좋거나 손 자체가 우락부락한 사람도 있었다. 이 또한 두 번 다시 만나고 싶지 않았고, 특히 손에 땀이 흥건이 배어 있는 사람은 느낌이 너무 싫어서 더 이상 만나기 싫었다.

사람과 사람을 연결할 때 서로의 체온이 전달되는 느낌은 너무 중요하다고 생각한다. 나는 어릴 때 아버지와의 스킨십 감각의 느낌을 생각하며 첫 피부 접촉의 느낌은 남성과의 데이트를 선택하는 중요한 기준이 되었다.

요즘은 워낙 화장품의 기술도 좋아지고 손을 부드럽게 해주는 핸드크림도 여러 종류가 있고 발달한 편이다. 그러나 아무리 화장품의 기술이 좋아져도 나는 사람의 피부와 피부가 만나는 첫 느낌을 소홀히 할 수가 없다.

예전에 예의없이 여성을 함부로 만지거나 불쾌하게 손을 낚아채는 행위는 요즘의 성추행일 것이다.

어떤 친구는 오래전 현재의 남편이 갑자기 자기 얼굴에 뽀뽀를 하여 자기는 당연히 그 남자에게 시집가야 하는 줄 알고 결혼했다는 우스운 소리도 들은 적이 있다. 그리고 남성과 손잡고 걸으면 가슴이 덜덜 떨렸다는 친구도 있었다. 지금 젊은 아이들이 이런 소리 들으면 너무 지나치게 바보같고 순진하여 웬 조선시대 여자들이냐고 할 것이다.

우리 시대에는 이성과 데이트를 하며 몸을 접촉하는 것도 함부로 대하지는 않은 것으로 기억한다. 하여튼 나는 남성을 소개받고 데이트를 하게 될 때 조금 친하여져서 손을 잡고 걸을 때는 그 남자가 내 동의 없이 함부로 하지 않고 반드시 손잡고 걷자는 예의가 있어야 하였으며 손을 잡은 스킨십의 첫 느낌이 나쁘지 않아야 하였다.

결국 그 느낌으로 현재의 남편을 만나게 되었고 요즘도 가끔 남편의 손을 잡고 공원을 산책하면 그 어린 시절에 아버지와 다정하게 손잡고 걸은 첫 스킨십의 느낌이 느껴진다.

넷. 나는 양식이 좋다

　나는 한식보다 양식을 좋아한다. 그 이유는 어린 시절의 추억 때문이다. 어린 시절 처음으로 양식을 먹은 경험은 1965년으로 기억된다. 부모님은 어린 시절에 시험지 100점 맞았을 경우 공부 잘한 기념으로 형제들을 데리고 경양식집에 가셨다. 지금은 걸핏하면 각종 기념일이나 생일에 주로 외식을 한다. 그러나 우리가 어린 시절에는 기념일 행사 등 생일이나 중요한 날은 오히려 식구들이 모여 가정에서 밥을 같이 먹는 것을 중요하게 여기었고 아주 특별한 날에 외식을 하던 것으로 기억된다.
　그 당시는 외식이 정말 흔치 않던 시절이었고 외식이라면 대부분 중국집에 가서 자장면을 특별히 사먹는게 각 가정의 특별 외식이었던 것으로 기억된다.
　첫 양식을 먹었던 경험은 지금 다시 생각해 보아도 너무 기분이 좋다. 그때는 경양식집으로 불렀고 비프 커틀릿, 포크 커틀릿, 피시 커틀릿 등을 비후까스, 돈까스, 생선까스 등으로 불렀다.

요즘도 가끔 옛날 맛집으로 경양식집이 인터넷에 소개되기도 한다. 부모님이 처음으로 가르쳐 주시던 양식 먹는 법이 생각난다. 스프를 숟가락으로 먹을 때 한식의 국처럼 숟가락을 푹 집어넣지 말라고 한 점, 포크와 나이프를 양 손에 들고 직접 시범을 보이시며 고기를 썰어보라고 한 점, 스프는 메인 메뉴를 먹기 전 음식이 잘 넘어가라고 목을 부드럽게 하기 위하여 하는 점 등을 말씀하셨다.

더욱 기억나는 것은 경양식점에서 우리들에게 친절한 말로 서비스 해주시며 한복을 예쁘게 입고 손님들을 응대하시던 우아한 마담 아주머니 모습이었다. 그 당시에는 커피나 차를 마시던 다방도 참 많았는데 다방의 마담 아주머니도 다방(찻집)에 무척 많았지만 경양식집 마담 아주머니가 월등히 우아한 느낌이었다. 다방에서는 차를 나르는 젊은 언니들을 레지라고 불렀는데 레디(lady)의 발음이었다.

아무튼 나는 경양식집 가는 것을 좋아하였다. 그래서 공부를 잘하고 싶었고 시험지 100점 맞으면 양식을 얻어먹을 수 있는 기대감으로 100점 시험지 맞기 위해 노력한 것도 많았다. 지금 생각해보면 90점이나 95점도 참 잘한건데 왜 그 당시는 100점 시험지를 어른들은 그렇게도 좋아하였을까?

 어찌 되었거나 그때부터 나는 양식을 좋아하였고 양식이 내 입맛에 맞았다.

 그 다음 세월이 흘러 우리가 다닌 대학시절에는 흔히 미팅을 하고 데이트를 하였다. 그때도 유난히 젊은이들은 경양식점에서 우아하게 데이트 하는 것을 즐기게 되었다. 약간 분위기 좋은 조명과 함께 잔잔한 음악소리를 들으며 우아하게 양손을 움직이며 음식을 먹었다. 유난히 칸막이가 있는 편안한 소파에서 데이트하고 즐기는게 그당시 유행이기도 하였다. 그리고 양식을 위주로 한 뷔페가 성행하기도 하여 그때 각종 기념일이나 생일에는 가족들이나 친구들이 뷔페 음식점에 자주 간 기억이 난다.

 어른이 되고 보니 한식의 맛을 알게 되었다. 그리고 우리 한식이야말로 건강한 음식이고 정성이 듬뿍 들어간 훌륭한 음식이었다. 결혼해보니 남편은 온전히 토종 한식맨이었다. 나는 지금도 김치가 맛있어도 짜고 맵다고 생각한다. 또한 고춧가루가 이에 잘 끼어서 싫어하는 편이다. 그리고 신혼 초부터 바쁜 직장생활을 하였기 때문에 아침 식사는 주로 우유와 빵으로 간단하게 대체하고 출근 준비를 하였다. 무엇보다 내가 편한 것은 양식으로 식사를 하면 매우 간편하고 주로 접시에 담아 먹어 설거지 하기가 너무 수월하다는 점이다.

요즘 젊은이들은 어린 시절부터 너무 지나치게 양식을 먹고 자라서 오히려 건강에 악영향이 되었다. 각종 성인병이 늘고 우리 고유의 한식 맛을 잃어버린 점도 많다. 최근에 나도 고지혈증으로 고생하며 한식에 관심을 갖고 각종 나물의 영양과 소중함을 알게 되었다. 또한 나이가 들어서 친구들과 만나면 양식집보다는 건강에 좋은 한식집을 주로 가고 한정식집에서 각종 영양소를 고루 섭취하는 것을 즐기는 편이다. 그리고 음식은 사람마다 경험이다. 어린 시절부터 먹어본 음식의 경험이 아니면 커서도 쉽게 잘 먹히지 않는다.

특히 편식의 습관과 탐식하는 습관은 정말 어릴 때부터 부모가 각별히 신경을 써야 한다. 나도 편식을 안하려고 애를 쓴 편이지만 한식보다는 양식으로 부등호가 기울어진 편이다.

내일 모임이 있다고 연락이 왔는데 장소는 ○○한정식집이라고 한다. 외식을 할 때면 그래도 여전히 어린 시절의 경양식집 크림 스프와 야채스프의 향긋한 냄새가 생각난다. 나는 아마 죽을 때까지 양식을 좋아할 것이다. 나는 지금은 모두 돌아가신 부모님을 생각해 본다. 그때 가족들과 귀한 나들이로 경양식점에서 잔잔한 클래식 깔린 음악소리 들으며 맛있게 먹은 외식을 늘 떠올린다. 한식이 당연히 건강에 이롭고 유익하지만 아직도 한식보다는 양식을 좋아하는 편식 습관이 남아 있다. 어쨌든 나는 양식이 좋다.

다섯. 할머니 사랑

요즘 할머니 사랑을 받으며 자라는 아기들을 보면 나는 그 아기가 부럽다. 물론 젊은이들이 서로 일을 하느라 각 가정에서 육아 문제가 심각한 이유가 있기는 하지만 내 경우는 외할머니, 친할머니의 모습을 본 적이 없다. 모두 이북에 계시고 부모님은 이산가족으로 늘 본인들의 부모님과 형제, 친척들 얼굴을 그리워 하셨다.

인터넷 지식백과 사전에는 이산가족의 프로그램 내용이 이렇게 자세히 나온다. 우리 부모님도 그 프로그램에 나가서 애를 많이 쓰셨으나 결국 본인 부모님과 형제들을 찾을 수 없었다. 어떤 분들은 생사를 확인하고 오열하는 모습이 전파를 타면서 국민들을 울리기도 하였다.

1983년 6월 30일부터 11월 14일까지 KBS 이산가족 프로그램이 무척 유명하였다. 과거 20세기 중후반의 대한민국에서는 가족의 생사도 모른 채 흩어져 사는 사람들이 많았고, 경찰 당국이 추산한 이들 '이산가족'의 수는 약 1,050만명에 달했다. 1980년대 초 당시 대한민국 인구가 약 4,000만명이었으니 네 명 중 한명 꼴로 이산가족이 있었던 셈이다.

  여기 소개된 이산가족들은 주로 해방 직후 해외에 나가 있던 동포들이 귀국길에 오르고, 전쟁 중 대대적으로 월남을 하는 과정에서 헤어졌거나 6.25 전쟁을 겪으며 난리 통에 헤어진 경우가 대부분이다. 전쟁의 참화를 피해서 강제적인 민족 대이동이 이루어지면서 온갖 종류의 이산가족이 발생하였다. 이들은 피난을 떠나며 사람 무리에 휩쓸리거나 공습이나 포격을 피해 각자 달아나거나 하는 갖가지 사연으로 서로 헤어지게 되었다. 전쟁 통에는 서로 소식을 전할 수 있는 방법이 전무했고 이것은 전쟁 후에도 마찬가지였다. 지금이라면 모를까, 냉전 초기 당시 세계적으로도 후진국으로 분류되었던 한국에선 신문, TV, 라디오, 전화 등 대중매체라고 할 만한 것이 미약했기 때문에 사실상 한번 헤어져버리면 서로 만날 길이 없어져 버리는 것이었다.

  물론 그 시절에도 인터넷만 빼면 있을 건 다 있기는 했다. 하지만 전화와 TV는 1970년대까지도 일부 계층들만이 가질 수 있는 고가의 사치품이었고, 라디오는 TV에 비하면 비교적 저가라서 보급이 어느 정도 되긴 했지만 방송채널이 제한적이라 이산가족 찾기에는 그다지 많이 활용되지 못했다. 신문은 상대적으로 접하기는 쉬웠으나 일반인이 신문에 광고를 계속 내기도 힘들었고 당사자가 광고를 발견하지 못하는 경우가 훨씬 많은 데다가 이름도 한쪽은 제대로 기억하지 못하는 경우도 많아, 때문에 별로 효과적이지 않았다. 한편으로는 전쟁이 끝난 후에도 생활고로 인해 헤어졌다가 소식이 그대로 두절되는 경우도 많았다. 주로 식모살이를 가거나 도회지 공장에 나간 사람들인데 심지어는 명절에 집을 찾아갔더니 가족들이 그새 이사를 가 버렸고, 그들이 어디로 갔는지 찾지 못해 그대로 이산가족이 되어버리는 경우도 있을 정도였다.

또한 당시에는 딸이나 누이가 시집을 가면서 출가외인 개념으로 친정과 연락이 끊어지거나, 입을 덜고자 친척이나 남의 집에 양자나 식모로 보내거나 아예 고아원에 보내는 일도 많았고 이 와중에 전란, 생활고, 아동학대 등으로 오갈 데가 없어져 찾고 싶어도 못 찾게 돼버리는 경우도 흔했다. 실제 방송에서도 그런 이유로 자신이나 가족의 이름조차 모르는 사례가 흔히 나오곤 하였다.

이처럼 온갖 사연으로 헤어진 이산가족들이 당시 한국에는 넘쳐나고 있었지만, 1980년대 초의 한국은 지금과 같이 인터넷은 커녕 전화보급망 조차도 1권의 두꺼운 전화번호부로 1개 도를 아우를 정도로 정보가 원활하지 못하던 시대였다. 〈이산가족을 찾습니다〉 프로그램이 방영된 1983년 이전에도 이산가족들은 그나마 가장 널리 알릴 수 있는 미디어 수단인 신문을 활용하여 서로를 찾고자 했다. 구인광고란에 직접 광고를 내거나, 혹은 주요 일간지에서 가끔 추진하는 '사람 찾기' 기획을 통해 서로를 찾고자 하는 노력을 해왔던 것이다. 심지어 전쟁 중이었던 1951년 5월경에도 이런 광고들이 간간히 지면상에 등장했다고 한다.

그러나 신문의 경우 당시는 발행하던 지면도 적고, 사진을 지면에 넣기가 쉽지 않던 시절이라 생각만큼은 큰 효과를 거두지 못했다. 당시 가장 많은 부수를 발행하던 신문이 동아일보와 한국일보였는데 둘 다 8면짜리(즉 신문지 2장을 접어서 내던 신문이었다) 일간지였다가 이후 80년대 중반에 들어서야 두 장 더 집어넣어 16면으로 늘어났다.

간혹 가다 '정부에서 주민등록 자료를 가지고 있는데 행정기관이나 경찰을 통해서 사람을 찾을 수 있지 않았냐'는 이야기를 하는 경우도 있는데, 당시에는 이게 불가능했다. 일단 1909년부터 호적제도가 정비되고 이후 일제가 전시 총동원령을 선포한 1942년에 도입된 주민등록 제도로 당시 식민지 조선인들의 주민등록 자료가 전부 확보되어 있었다. 하지만 해방과 전쟁의 혼란통 속에서 관공서가 여럿 파괴되어 호적을 포함한 행정문서가 사라진 경우도 많았고, 게다가 전후 복구에도 허덕이던 당시 정부는 이산가족 찾기에는 신경쓸 여력이 없었기 때문에 관공서를 통해서 뭘 해본다는 건 힘들었다. 게다가 이런 혼란을 피해 멀쩡히 있는 자료라도 전산화가 안 된 상태로, 각 읍/면/동사무소에 따로 보관되어 있었기 때문에 사람을 찾고자 하면 직접 자신이 발품을 팔면서 전국 방방곡곡을 뒤져야 했다. 오죽 하면 동사무소에서 입영대상 병적서류를 빼돌리거나 서류철의 가장 뒤로 옮기는 방법으로 병역을 회피 혹은 연기하는 것이 가능했을까.

이랬던게 1980년대 초 경찰이 보유 중인 각종 주민등록 자료들이 전산화되면서 빠른 검색이 가능해졌고, 1982년부터 치안본부에서 이산가족 희망자에 대해 이름으로 검색해주는 서비스를 시작했다. 그러나 한국은 성씨 다양성이 매우 낮아 동명이인이 너무 많아서 어지간한 희귀 성씨가 아닌 이상은 이것만으로 찾기가 어려웠다. 따라서 이름과 함께 이를 대조해볼 수 있는 얼굴이나 기타 자세한 정보가 필요했고, 그래서 이 프로그램이 나오게 된 것이다. 이산가족 프로그램이 기획된 게 1983년이니 사실상 할 수 있는 여건이 마련되자마자 바로 한 것에 가깝다. 그만큼 가족끼리 떨어져 사는 사람들의 애절함이 간절했다는 뜻이다.

그래서 나에게는 부모님들이 늘 그리워하고 보고 싶었던 나의 할머니를 못보고 자란 것이다. 여고시절 여름방학 때 친한 친구의 외할머니댁을 따라간 적이 있었다. 경기도 마석이었는데 시냇물이 흐르고 조용하며 경치가 아름다운 시골이었다. 감자, 옥수수같은 소박한 음식을 먹고 그 집에서 하룻밤을 보냈는데 밤에 자다가 나도 할머니 사랑을 그 친구처럼 받고 싶다는 생각이 많이 났다.

나중 결혼하고 내 아이에게는 꼭 할머니 사랑을 느끼게 해주고 싶었다. 물론 내가 직장생활을 하는 이유 때문에 친정어머님께 아이돌봄을 부탁드렸다. 시어머님은 아이를 볼보시기엔 몸 상태가 너무 안 좋으셨기 때문에 친정어머님께 양육을 부탁하고 나는 마음놓고 직장생활을 하였다.

그러나 워낙 고혈압으로 지병이 있으신 어머니께서 내 아이를 돌보시느라 무리가 되었는지 내 아이가 만 4살일 때 갑자기 심장마비로 허무하게 하늘나라로 떠나셨다. 나는 너무 죄책감으로 충격을 받았고 아이는 외할머니가 자기 엄마인 양 착각하며 친정어머니와 굉장히 애착이 깊었는데 아이 역시 무척 충격을 받았다.

결국 내 아이도 나도 할머니 사랑은 못 받았다. 요즘 육아문제로 내 친구들이 손주들을 많이 돌보고 있다. 동창 친구들 모임을 하면 100% 모이기가 어렵다. 손주들을 돌보는 친구는 점심 모임 하나도 제대로 나오기가 힘든 편이다. 나는 할머니 사랑을 듬뿍 주고 받는 모습이 부럽기도 하지만 한편으로는 양쪽 다 안쓰럽기도 하다.

나도 손주들이 있는 친구들처럼 힘이 들어도 할머니 노릇 좀 하고 할머니 사랑을 해주고 싶다. 그런데 내 아이가 나이가 많이 들어도 결혼할 생각이 없는 것 같고 아직 제 짝을 못 찾은 것 같기도 하다.

최근 젊은이들이 연애는 필수, 결혼은 선택이라 하며 비혼주의가 많은 편이다. 결혼을 해도 만혼인 것도 힘든 상황에서 이런저런 문제로 아이를 빨리 가지지 않는 편이다.

우리나라 행복 순위는 62위라고 하고 저출산율은 1위라는 말도 있다. 출산율이 더 올라가서 그 아이들이 할머니의 귀한 사랑을 많이 받기를 바란다.

나처럼 부모님의 피치못할 이산가족의 경우가 아닌데도 억지로 할머니 사랑이 없어지지 않기를 바라고 있다. 할머니가 아기에게 옛날 이야기를 들려주는 것이 얼마나 아름다운가? 또한 할머니 등에 업힌 아이는 얼마나 복을 받고 귀한 사랑을 받는 것인가?……

여섯.
강아지 트라우마

　집주변의 길거리를 걸어가거나 공원 산책을 할 때 강아지와 같이 가는 사람들이 부럽다. 나는 사실 강아지를 이뻐하고 지나가는 귀여운 강아지들 얼굴을 보고 웃어주지만 어린 시절에 경험한 일 때문에 정작 강아지를 키우지 못하고 있다.

　초등학교 2학년 때의 일이다. 우리 집에 하얀 스피치 강아지가 있었다. 너무 털이 보드랍고 이뻐서 나랑 친한 친구에게 자랑하고 싶었다.
　선희라는 친구에게 이야기 하니 자기도 보고 싶다 하여 학교 수업이 끝난 어느 날 친구를 집에 데려와서 강아지 구경을 하였다.

　우리들은 정말 너무 귀엽다, 정말 이쁘다 말하며 즐거워 하였다. 선희는 강아지를 만지고 싶지만 무섭다고 하였다. 선희는 만져보고 싶기는 한데 겁이 난다고 하였다. 내가 강아지를 쓰다듬으며 계속 만져보라고 하였다. 선희는 많이 주저하였는데 내가 계속 괜찮다고 만지라고 하였다.

　선희가 강아지를 만지는 순간 갑자기 강아지가 야수같이 돌변하여 선희의 팔뚝을 물었다. 선희의 팔에서 피가 뚝뚝 흐르며 살점이 떨어져 나갔다. 선희가 소리지르며 아파서 큰 소리로 비명을 지르며 엉엉 울고 나도 울었다. 마침 아버지가 계셔서 우리들의 울음 소리를 듣고 나와 선희를 업고 병원에 급하게 뛰어 가셨다. 치료를 끝내고 아버지께서 선희를 선희네 집에 데려다 주었다. 너무 놀란 선희 어머님께 사정을 말씀드리고 선희 어머님에게 아버지는 많은 항의를 듣고 오셨다.

그 이후에도 한동안 선희 엄마가 매일 우리 집에 찾아와 부모님께 화를 내고 욕하였다. 나 때문에 선희가 많이 다쳤고 내가 만지라고 해서 일이 그렇게 생겼다고 나를 때려주고 싶다 하고 막 따지셨다. 부모님은 치료가 다 끝날 때까지 치료비를 주시고 계속 선희 엄마에게 사과하고 빌면서 나로 인하여 수난을 겪으셨다. 나는 그 때마다 부모님께 너무 죄송하고 선희 엄마가 무서워 이불 속에서 숨죽여 울고 있었다.

나를 더욱 힘들게 한 것은 선희 엄마가 그 사건으로 선희에게 더 이상 나랑 놀지 못하게 한 일이다. 선희는 나랑 가장 친한 친구였고 우리집보다 좀 더 잘 산다고 생각하였다. 그 이유는 그당시 우리집에 다른 물건은 남부럽지 않게 있어도 선희가 가진 피아노는 없었다. 학교 수업이 끝나면 선희가 치는 검정색 웅장한 피아노를 쳐다보며 나도 치고 싶다 생각하였고 선희네 집에서 놀다가 지

겨워지면 우리집에서 또 놀고 해가 어둑해져야 헤어질 정도였다.

어느 날 내 얼굴이 우울해지고 힘이 없음을 발견한 담임 선생님이 나에게 다가오셨다. 선희 엄마가 담임 선생님을 찾아와 나랑 선희가 학교에서도 같이 놀지 못하게 신신당부 부탁을 하고 가셨다. 담임 선생님께서는 알았다고 하면서 조용히 나를 불러 물어보셨다. 선희랑 왜 요즘 안노냐고 물어보셨다. 나에게 선희 엄마가 너랑 놀지 말라고 부탁하더라 그 이야기는 전혀 안하셨지만 나는 이미 느낌으로 알고 있었다.

선생님이 나에게 선희와 나와의 이야기를 물어보는 순간 울음이 막 터져버렸다. 그동안 있었던 일을 이야기하고 울음이 계속 멈추지 못하자 선생님은 가만히 나를 안고 토닥거리시며 위로해 주셨다. 너무 슬퍼하지 말라 하며 그런 힘든 일이 있었구나 하며 또 다른 좋은 친구가 생길거라고 말씀해 주셨다.

나는 내 일생 중에 잊을 수 없는 좋은 선생님이 몇 분 계셨지만 특히 2학년 선생님을 가장 못 잊었다. 그저 내 이야기를 경청하여 들어주시고 말없이 포옹하여 주시던 그 위로의 순간이 잊혀지질 않는다.

그 일 이후 갑자기 선희네 집이 이사를 하게 되어 새 학교로 전학을 갔다. 친구의 그리움은 깊어졌지만 시간이 지나 새학년이 되며 다른 친구들을 사귀게 되었다. 그래도 가슴 한 쪽 강아지와 선희에 대한 응어리가 늘 남아 있었다. 그 친구 덕분에 피아노도 배우게 되었지만 강아지 트라우마가 심하여 성인이 되어서도 절대 강아지는 키우지 않았다.

　나도 계속 성장하여 어느덧 여고생이 되었고 유명한 정신여고에 입학하였다. 그 학교는 역사와 전통이 오래 되어서 지금 잠실로 이전하기 전에는 분위기 좋은 종로구 연지동에 있었다. 학교의 역사가 오래 되어 교실에 들어가려고 계단을 올라서면 나무 계단의 삐걱거리는 소리가 났고 계단 가운데가 움푹 패어 있었다. 계단을 오르내리다 어떤 여학생과 마주쳤는데 느낌이 예사롭지 않았다. 어디서 많이 본 듯한 익숙한 얼굴이었다
　집에 와서 며칠간 잠을 설치며 생각하였다. 어디서 본 얼굴일까? 왜 그렇게 본 것 같은 생각이 날까? 하며 궁금하였다.

　그러던 어느 날이다. 그 친구는 우리반 친구랑 친한 친구였다. 우리 교실에 자주 놀러오는 것을 보았다. 자꾸 여학생이 쉬는 시간에 우리 교실에 놀러오면 신경이 쓰였다. 그러다가 주마등처럼 어린 시절이 생각났다. 아무래도 그 옛날 선희 얼굴이 오버랩 되는 것이었다.
　우리반 친구에게 그 여학생 얼굴이 너무 낯 익는다 말하였다 혹시 이름이 무엇이냐 물으니 선희라고 하였다. 이름을 듣는 순간

기절할 뻔 하였다.

　그 날 하교하고 집에 들어와서 저녁도 먹기 싫었다. 잠 못자고 눈물이 흘러내려 베개가 젖은 기억이 난다. 그 다음날 용기를 내어 우리 반 친구에게 선희를 만나게 해달라고 부탁하였다.
　그 친구에게 내가 어린 시절에 일어났던 자초지종을 이야기 하고 학교의 등나무 벤치에서 선희를 만났다.

　선희를 만나 확인해보니 입이 얼어붙어 무슨 말을 해야할지 몰랐다. 미안하다고 말하였다. 선희는 오래 전 일이라고 하며 나를 용서해주는 것 같았다. 그리고 팔뚝을 보여주었다. 생각보다 엄청 흉터가 컸다.
　지금부터 50년두 더 넘은 일이었다. 그당시 의학의 힘으로는 절대 그런 흉터를 없앨 수 없었다. 팔 한가운데 그 큰 흉터는 내 마음에 더 크고 아픈 흉터를 남겼다.

　그 일 이후 여고 졸업이후 선희를 만나지 못했다. 가끔 강아지를 볼 때마다 선희의 팔에 새겨진 큰 흉터가 생각난다. 요즘 선희와 연결이 되면 당장 피부과 데려가서 그 흉터를 없애주고 싶은 마음이다.
　그래서 나는 강아지가 아무리 이뻐도 키우지 못한다. 그저 공원 먼 발치에서 귀여운 강아지를 바라만 볼 뿐이다.

일곱.
부모님의 18번 애창곡

　우리나라 사람들은 노래를 좋아한다. 아마 술먹고 흔히 2차를 나가서 목청껏 노래 부르는 우리나라 사람들처럼 흥을 가진 민족은 드물 것이다.
　우리 가족도 노래를 좋아하고 나도 어린 시절부터 가족이 모여서 노래를 부르고 듣고 자랐다. 특히 저마다의 18번 애창곡들이 있는데, 지금 생각해보면 나의 어린 시절 부모님은 트롯트 가요를 부른 적이 없다.

　보통 그 당시에는 이미자의 노래, 황금심의 노래, 현인의 노래, 남일해, 김상희 등등 라디오에서 흘러나오는 유명한 가요 가수들이 많았다. 패티김 노래는 그 중에 조금 더 세련되었던 기억이 난다.

내가 지금까지 기억하는 아버지의 18번 애창곡은 박태준의 〈동무 생각〉이다.

가사를 들어보면 아련한 어린 시절 안방에서 아버지가 불러주던 추억을 소환한다.

봄의 교향악이 울려 퍼지는
청라 언덕 위에 백합 필 적에
나는 흰나리 꽃 향내 맡으며
너를 위해 노래 노래 부른다(중략)

박태준의 고교시절 회상하는 이야기를 듣고 이은상이 노랫말을 쓴 가곡이라 한다. 청라 언덕은 실재하는 곳이고 대구 시내에 가곡 기념비가 세워져 있다 한다. 제목은 동무 생각이라 하지만 어릴 때 풋풋한 이성 친구라는 말도 있다. 어쨌든 나도 어릴 때 아버지가 이 노래를 자주 부르면 같이 따라 부르고 콧노래로 흥얼거렸다.

어머니는 목소리가 소프라노이고 무척 고운 목소리를 가지고 있었다. 특히 어머니가 즐겨 부르던 애창곡 18번은 김성태 작사, 작곡한 〈한 송이 흰 백합화〉이다. 이 노래는 성경 시편에 나오는 '한 송이 흰 백합화를 보라'에서 착상했다고 한다.

가시밭의 한 송이 흰 백합화
고요히 머리 숙여 홀로 피었네
인적이 끊어진 깊은 산 속에
고요히 머리 숙여 홀로 피었네
어여뻐라 순결한 흰 백합화야
그윽한 네 향기 영원하리라

이 노래는 의식적인 종교적 분위기는 없지만 평화롭고 잔잔한 악상의 연결이 되어 있어 어머니의 인품과도 닮아 있는 듯하다.

한때는 우리 부모님이 가곡을 주로 우리들에게 불러주신게 당연한 줄 알았는데 다른 집 부모님들은 '동백 아가씨'나 '빨간 구두 아가씨' 또는 '8시 통근 길에' 가사로 시작하는 '대머리 총각' 등을 많이 부른다는 것을 알았다.

노래 부르기는 각자의 취향과 개성대로 부르는 것이지만 부모님이 우리 어린 시절 가족과 함께 부르던 노래는 지금 나이 들어 늙어가도 영원히 머릿 속에 남아 있다.

음악은 인간의 본능이기에 어릴 때부터 음악에 친숙하게 해주는 것이 아이의 발달에 좋다. 요즘 엄마들은 아이에게 노래를 불러 주라고 하면 잘 불러야 한다는 압박이 있어서 주로 매체를 통한 음악을 들려주는 편이다. 육아의 문제에서 많은 부모들이 홍수 같은 육아정보 사이에서 혼란을 느끼고 있는 것 같다.

꼭 박자가 안 맞아도 꼭 성악가 같은 발성이 아니어도 아이에게 부모님의 육성이 담겨 있는 노랫소리가 아이들의 감정발달에 훌륭한 정서적 도구임은 분명하다고 여긴다. 우리 부모님의 18번 애창곡을 나도 같이 따라 부르다 보니 지금도 그 기억이 또렷하고 생생하다.

나는 음악회 가는 것을 좋아한다. 특히 요즘 같은 가을이면 가을 음악회에서 가곡을 듣는 것이 참 좋다.

아마 어린 시절 부모님이 즐겨부르던 가곡의 영향이 내 머리와 가슴 속에 입력되어 있는지 모르겠다. 일제 강점기에 태어나서 생활하신 부모님은 왜 가곡을 좋아하셨는지 한번 물어본 적이 있는데, 가요가 그 당시 많이 유행했어도 분위기나 취향이 맞지 않고 가곡의 멜로디와 가사가 마음에 든다고 말씀하셨다. 가끔 부모님 생각이 나면 나도 '동무 생각'이나 '한 송이 흰 백합화'를 마음 속으로 따라 부른다. 그리고 산소에 흰 백합화를 꽂아 드린다.

여덟. 꼬마 친구들

나에게는 **55년이나 지내온** 꼬마 친구들이 있다. 어린 시절 같은 동네에 살았던 꼬마 녀석들이다. 같은 동네에서 초등학교를 다닌 초등학교 동창들이고, 서로 부모님과 형제 관계도 잘 알고 있었기 때문에 친분이 오래 유지 되었다. 나중에 친구들이 커서 다른 동네로 이사를 가도 초등학교 친구들의 모임은 계속 그대로 유지되었다.

지금은 젊은이들 사이에도 남사친, 여사친의 개념이 자연스러워 이런 모임이 괜찮지만 우리같은 꼰대 세대들의 경우에는 남사친, 여사친 개념은 그당시 매우 드문 일이었다.

처음에는 남자 6명, 여자 4명이 합하여 모두 10명이 만나고 서로 어울렸으나, 지금은 몇 명이 해외나 타지로 나가 살아서 서울에 7명이 남은 셈이다.

그래도 너무 감사한 것은 친구들이 모두 다 그동안 건강을 유지하며 아직까지는 별탈 없이 만남을 이어오고 있다. 물론 각자마다 살아오면서 고난과 역경도 있었고 희로애락을 거치긴 하였어도 55년이나 끊임없이 연락을 유지하고 만남의 관계를 이어온 것은 감사한 것이라 생각한다.

그 시절을 돌아보면 여러 가지 에피소드도 많고 좋고 싫은 기억들도 많았다. 우리는 서로 이성 친구들 간의 성장하는 과정을 보아왔고, 사춘기 시절을 거치며 갈등도 겪어보았다.

특히 나같은 경우는 남사친들의 모습을 보며 자랐기 때문에 나중에 고등학생이나 대학생이 되어도 남성에 관한 호기심이 덜한 것 같았다.

가끔 남사친들의 배우자를 생각하면 재미있는 생각이 떠오른다. 배우자가 그들과 결혼한 세월보다 우리가 친구로서 사귀며 더 많은 세월을 지내왔다고 이야기하고 싶을 때가 있다. 배우자들은 그 친구들을 성인이 되어 만나 인연을 맺은 경우지만, 우리 꼬마 친구들은 아주 어린 시기부터 인연을 맺어온 관계이다. 어린 시절을 너무나 잘 알고 있는 우리 친구들과 어른이 되어 만난 배우자와의 개념이 묘하기도 하다.

그래도 지금 생각해보면 그 많은 세월을 무사히 잘 지내오고 만나는 것에 정말 감사하기만 하다. 언제 누가 죽을지 그건 미지

수이고, 언제 누가 끝까지 더 오래 살지도 모르는 일이다.

가끔 우리들의 이야기가 인간극장의 소재거리가 될 것 같은 생각이 들기도 한다. 미국ABC 방송에서 한 드라마 〈페이톤 플레이스〉가 있었다. 그 드라마는 인생을 살아가면서 일어나는 해프닝을 그린 멜로 드라마인데, 우리 꼬마 친구들도 그 드라마와 비슷한 면이 많았다.

앞으로 내일 일은 어찌될지 모르는 우리들이지만 60대 중반을 훌쩍 넘고 보니 노년기에 접어들었다. 이제 동네 꼬마 친구들 중에서 누가 먼저 하늘나라 티켓을 가지고 떠날지는 정말 모르겠다. 지금 모두 건강관리를 잘해야 할 것이다. 몇년 후에는 70을 바라보는 나이가 되기 때문이다.

아무리 인연이 오래 되어 세월을 같이 지내왔어도 앞으로 시작되는 노년생활에서는 언제 어떻게 살아갈지 모두 가늠을 못할 것이다.

나는 지난번 갑자기 뇌졸중 증상을 겪어보고 입원을 한 후 내 주변의 신변정리를 해야겠다고 생각하였다. 내가 그동안 맺어온 사람의 관계에서 아주 친하거나 좋은 관계가 아니면 인맥정리를 하기로 마음먹었다.

55년이나 된 남사친들과 여사친들은 그동안 지내온 세월들이 아깝고 좋은 추억들이 많아서 그냥 유지하기로 하였다. 서로 각자의 일들이 바쁘고 하는 일들이 많아 자주 만나는 횟수는 요즘 적은 편이지만 꾸준히 친구들의 인연은 이어가고 있다.

한때 젊은 시절에 우리집 가정 경제가 많이 어려워진 적이 있었다. 너무 속상하여 내가 그들과 우리집을 비교하며 만남을 유지하기도 싫었고 특히 여자의 경우는 결혼을 하게 되면 남사친과의 관계를 자연적으로 유지하기 어려웠다. 그래서 나는 일부러 인연을 끊은 적도 있었지만 다시 인연이 연결되어 만남을 계속 해오고 있다.

나중에 우연한 기회로 다시 만남을 가졌을 때 정말 놀라웠다. 어쩜 그리도 친구들이 안 변하고 어린 시절 그대로인지…! 아마 그들도 나의 어린 시절을 기억하기 때문에 그렇게 느꼈는지도 모른다.

남편은 내가 성인일 때 같은 직장 선배의 소개로 만났다. 남편은 당연히 나의 어린 시절은 어떻게 지냈는지 모르고 나의 어린 시절 사진을 앨범에서 보기만 하였다. 나 역시 남편의 어린 시절은 전혀 모른다. 지금 남편의 여사친이 나타나면 남편의 어린 시절 모습이 궁금해져서 남편의 어린 시절 이야기를 듣고 싶기도 하다.

가끔 남편에게 어린 시절의 꼬마 친구들 이야기를 해준다. 남편도 그 친구들이 아직도 서로 만나는 것에 대하여 놀랍게 생각하고 내 친구들에게도 꼬마 친구들 이야기를 해주면 너무 신기하다고 한다. 어떻게 그 오랜 세월의 인연을 유지하냐고 물어보기도 하고 서로 심한 갈등이나 사건이 없었냐고 물어보기도 한다. 혹시 나도 모르는 사이에 남사친들끼리는 술먹고 담배피며 자기들끼리 어떠했는지 모르겠지만 아직까지는 인연을 끊을만한 큰 사고나 사건은 없는 것 같다.

옛 친구에 관한 사람관계 연구는 여러 가지가 있다. 옛 친구를 만나면 노화는 막지 못해도 노쇠는 5배를 경감시켜 준다는 연구도 있다.

우정에 관한 격언은 정말 많다. 그 중에서 내가 좋아하는 몇 몇 문장을 살펴보았다.

고난과 불행이 찾아올 때 친구가 비로소 친구임을 안다.(이태백)

궁핍과 고난에 처한 때야말로 친구를 시험하기 가장 좋은 기회이다. 어떠한 때에도 곁에 있어주는 것이 참된 친구이다.(솔로몬 왕)

그 사람을 모르거든 그 벗을 보라.(메난 드로스)

나의 천성적인 우울한 습성을 고쳐서 나의 청춘 시절을 다치지 않고 신선하게, 새벽처럼 유지시켜 준 것은 결국 우정 뿐이었다. 그리고 지금도 나는 이 세상에서 남자들 사이의 성실하고 훌륭한 우정만큼 멋진 것도 없다고 생각한다. 그리고 언젠가 고독할 때에, 청춘에의 향수가 나를 엄습한다면, 그것은 오로지 학창시절의 우정 때문일 것이다.(헤르만 헤세)

나는 꼬마 친구들이 세월만 오래 지나온 친구들이 아닌 진정한 우정의 관계로 서로 관계맺기를 노력해야 한다고 생각한다. 앞으로 남은 인생을 살아갈 나날동안 서로 마음의 선물을 주고 받으며 귀한 인연을 맺어나가야 한다고 생각한다.

벗이 제2의 자산이라는 말도 있듯이 나는 꼬마 친구들을 올해가 떠나가기 전 반가운 모임의 믿음을 가질 것이다.

공자님이 늘 말씀하셨다.

벗이 있어 멀리서 찾아오니 또한 즐겁지 아니한가…!

아홉.
어머니의 일본여행

내가 어렸을 적에 어머니가 일본 여행을 떠나셨다. 아마 1966년도라고 기억이 된다. 그때는 지금같이 멋지고 넓은 세계적인 인천공항에 비교도 못할 만큼 아주 작은 김포공항이 전부였고, 비행기도 매우 작았는데 어머니는 비행기를 탈 때 트랩 계단을 올라가면서 손을 흔드셨다.

나는 아버지와 내 동생과 같이 김포공항 베란다같이 생긴 곳에서 배웅을 하였는데, 나는 어머니가 비행기 트랩 계단을 올라갈 때 웃으시며 손을 흔드는 모습이 참으로 인상적이었다. 그런데 비행기가 떠나려고 할 때 어머니가 나를 버리고 멀리 가시는 줄 알고 한참 동안 울어버린 기억도 난다. 아버지는 어머니가 우리를 버리고 가시는게 아니라 며칠 있다 집으로 돌아오시니 울지말라고 여러번 다독거려 주셨다.

외할아버지가 일본으로 선교활동을 많이 다니셨고, 외할아버지가 잘 아시는 일본인 지인의 초청으로 나의 어머니는 약 2주 정도 일본에 다녀오신 것으로 알고 있다. 며칠 후 일본에서 돌아오신 어머니는 일본의 문화 발전에 대하여 너무 놀랐다고 말씀하시고, 중간중간 우리에게 일본의 유명한 관광지 사진이 있는 엽서로 편지를 보내셨다. 귀국 후에 일본 모습의 다양한 사진을 많이 보여주시고 특히 일본 물건을 많이 사오셨다. 그때는 일본에서 가져온 제품이 신기하고 좋은 게 많았다.

　그당시 가장 놀랄만한 제품은 NHK가 쓰여져 있는 텔레비전이었다. 가정마다 라디오로 뉴스나 연속극을 귀기울여 듣던 시절이라 우리 집에 텔레비전이 있다는 것은 큰 자랑거리였다. 전화기도 귀하던 시절이었고 해마다 새 학년이 되면 가정조사서에 라디오나 전화기, 전축이나 텔레비전이 있나 없나 체크하는 칸이 있었다. 아마 지금 아이들이 그 이야기를 들으면 웬 조선시대 같은 이야기냐고 웃긴다고 하겠지만, 그 당시는 그런 물건의 체크 검사로 학생들의 가정 상태를 파악하였다.

　매일 밤마다 우리 가족은 저녁 식사 후 텔레비전 드라마 등을 너무 즐겁게 보았고, 내 친구나 동네 사람들이 우리 집에 와서 텔레비전을 보고 싶어하면 기꺼이 같이 보기도 하였다. 요즘에는 이웃집도 얼굴 하나 제대로 모르는 시대인데, 그때는 우리집에서 그 귀한 텔레비전을 친한 이웃들에게 같이 보여주었다. 한참 세월이 지난 후에 만화가게에서 돈을 주고 텔레비전을 보던 풍습도 생겼다.

 그다음으로 신기한 물건은 빵을 굽는 오븐 기계와 달걀을 삶는 기계였다. 어머니는 설명서를 열심히 읽고 조리법을 익혀서 우리들에게 그 기계로 자주 요리를 해주셨는데, 요즘에는 시대가 발달하여도 달걀 삶는 기계는 지금껏 내가 발견한 적이 없는 듯하다.

 그러나 내 친구들이 가장 부러워 하였던 것은 멋진 연필 깍는 기계와 이쁜 여자 그림이 그려져 있는 자석식 필통이었다. 자석식 필통은 너무 이쁘고 좋아서 틈만 나면 그 필통을 일부러 열고 닫았다.
 그때 느낀 것인데 일본 제품은 뭐든지 믿을 수 있고 좋다는 것이었다. 밥솥부터 시작하여 작은 물건 하나 하나 품질이 모두 좋았고 우리나라 제품과는 비교도 안되었다.

 지금은 오히려 일본에서 한국 제품들이 인기가 엄청 많다고 한다. 요즘은 거꾸로 되어 일본에서 한국에 여행을 많이 오고 싶어 하고, 한국의 물건이 너무 잘 팔리고 있으며 한국 음식을 먹는 것이 일본에서 자랑거리가 되었다. 우리나라가 얼마나 발전하고 세상이 많이 변한 것임을 실감한다.

어머니의 일본 여행 중에서 가장 좋았던 것을 말씀하실 때 강조하신 것이 있다. 일본 사람들이 인사를 잘한다는 것, 그리고 행동이 친절하고 말투가 나쁘지 않고 상냥하다는 점이다. 일본 사람들의 생활태도에 대하여 너무 배울 것이 많다고 말씀하셨다. 그래서 일본의 신문물을 접한 후 한번 더 다녀오고 싶다고 하셨다.

1968년에 어머니는 두 번째 일본 여행을 가셨다. 그때 나는 어머니가 우리를 버리고 가는게 아니라 여행하고 반드시 돌아오신다는 것을 알게 되었기 때문에 김포공항에서 울지 않았다.

두 번째 여행을 마치고 전축이나 다른 신기한 제품들도 많이 사가지고 오셨다. 어머니가 사용할 본인의 물건이 아닌 우리 가족들이 사용할 물건이었다.

어머니는 일제시대에 학교를 나니셨으므로 일본어 소통에 별 문제가 없으니 여행의 즐거움도 더욱 만끽하셨을 것이다.

주로 그당시 신기한 가전제품을 사가지고 오신 것을 생각하니 요즘 사람들이 해외 여행을 자유롭고 쉽게 다녀오는 것을 보면서 많은 차이점을 느끼게 된다. 요즘 사람들이 누가 가족을 위한 가전제품을 사들고 오겠는가?

나도 처음 해외 신문물을 접한 것은 대학 3학년 때였는데 미국에 처음 가서 신세계 별천지를 보는 것 같았다. 어머니가 일본 여행을 처음 하셨을 때의 그 기분을 알 것 같았다. 사람이 행복해지려면 물건을 사지 말고 여행같은 경험을 많이 쌓아야 된다고 한다.

그러나 우리 어머니는 물건도 사고 여행 경험도 사가지고 오면서 우리 가족과 본인을 행복하게 하는 두 마리 토끼를 다 잡으셨다는 생각이 든다.

열. 달빛 수영

나는 어릴 때 언니, 오빠처럼 수영을 잘 하고 싶었다. 여름이면 아버지가 일이 많아 늘 바쁘셨는데 아버지께 수영을 가르쳐 달라고 졸랐다.

나도 얼른 수영을 배워서 물개같이 폼을 잡고 싶었다. 아버지는 약속 날짜를 잡으시고 낮에는 수영장에 아이들이 몰려드니 밤에 가르쳐 주신다고 하였다.

드디어 수영 배우는 날이 다가왔다. 내가 지금까지 달빛을 좋아하는 것은 그때의 추억 때문이다. 그 날도 보름달이 휘영청 떠올라 수영장 물에 비치는 듯하였다. 넓은 수영장에 아버지와 나 단 둘 뿐이다. 수영을 배울 때 가로등 불빛이 없어도 달빛 하나로 충분하였다.

연인 사이는 아니지만 달빛 비치는 수영장에 한밤중 수영을 하는 그 시간이 나는 아버지의 애인 같았다. 처음에 아버지가 내 배 위를 잡고 발장구부터 치게 하였다. 지금 수영장에서는 물에 둥둥 뜨는 키판을 붙잡고 연습한다.

가끔 아버지는 내가 혼자 수영을 터득하도록 물에 빠트리기도 하시고 팔로 물을 휘저어 나가는 모습을 직접 시범으로 보여주셨다.
아무 소리도 들리지 않고 오로지 아버지의 목소리와 수영장 물을 가로지르며 서걱대는 물소리 뿐이다. 그렇게 두어 시간 이상을 배운 것 같았다.
드디어 내가 물에 뜨는 요령을 배우자 아버지는 다음날부터 나 혼자 연습하라고 하셨다.

그 후에 나는 수영하고 싶은 날이면 달빛 아래에서 수영을 하며 조금씩 실력을 쌓아나갔다. 그때가 초등학교 3학년 때로 기억되는데 수영장 세로 길이가 약 50 미터로 기억된다. 가쁜 호흡을 몰아쉬며 수영 잘하는 친구들과 시합하여 수영장 끝까지 도착하면 나도 모르게 '야도~!'라고 소리쳤다.
그때는 여러 가지 놀이를 할 때 '야도~!'라는 소리를 많이 외쳤다. 그 뜻을 인터넷에서 찾아보았다.

요즘엔 보기 힘들지만 우리 어렸을 적엔 동네 아이들끼리 딱지

치기, 구슬치기, 팽이치기, 다방구, 술래잡기(숨바꼭질) 등의 놀이를 하며 동네를 누비곤 했다.

이런 놀이 중 술래잡기(숨바꼭질)는 술래가 담벼락 같은 곳에서 벽을 보고 서서 눈을 감고 100정도의 수를 세는 동안 동네 구석구석 숨을 만한 곳을 찾아 숨어 있다가 술래 몰래, 그리고 술래보다 먼저 술래집을 손바닥으로 치면서 '야도!'를 외치면 이기는 게임이다.

이때 외치는 '야도!' 나랑 같이 놀던 누구도 그 뜻을 아는 사람은 없었고, 궁금해 하지도 않았다. 나 역시 '야도!'가 무슨 뜻일까 궁금했던 적은 없었는데 최근 호기심이 발동하였다. 그저 놀이의 승리를 알리는 구호로만 생각하고 있으나.

인터넷 자료를 찾아 보니 〈모국어를 위한 불편한 미시사〉 책에 그 뜻이 나온다 한다. 우리가 어린 시절 놀이를 할 때 무슨 뜻인지 모르는 말을 많이 썼지만, 그것을 알려고 한 적은 없었다. 술래잡기(숨바꼭질)에서 손바닥으로 담벼락을 치면서 최종 승리를 알리는 '야도!'를 외칠 때 그 말이 사는 집을 가리키는 일본말 야도인 줄 알 턱이 없었다.

이 책에는 '야도!' 외에도 어렸을 때 했던 놀이중 사용했던 일본어에 대해서 언급하고 있는데, 우리가 했던 놀이에 일본어의 잔재들이 이렇게 많은지는 몰랐다고 한다. 요즘 아이들이 일본어 승리의 구호인 '야도'라는 말을 사용하는 것을 별로 본 적이 없는 것 같다.

어쨌든 '야도' 소리를 외쳐가면서 수영 시합을 벌인 것은 순전히 달빛 아래에서 아버지께 배운 수영 실력 때문이다. 그리고 세월이 많이 흐른 후에 대학을 졸업하고 친한 학생회 임원들과 청평호텔로 1박2일을 계획하여 놀러갔다.

우리가 머무른 객실 앞에 야외 수영장이 있었다. 갑자기 어린 시절의 달빛 수영장이 떠올랐다. 친한 친구에게 밤에 달빛 보며 수영한 이야기를 하였다. 친구도 밤에 수영하는게 좋다고 하며 우리는 고요한 한밤중에 서걱대는 물소리를 들으면서 같이 수영을 하였다. 너무 너무 그 시간이 즐거웠고 잊지못할 추억이 되었다. 미국에 사는 그 친구는 지금도 만나면 달빛 수영의 추억 이야기를 한다.

달빛과 물소리가 추억의 흐름이 되어 가끔 드뷔시의 음악을 듣는다. 그 음악을 들으면 실제로 달을 보는 듯한 느낌이 든다. 꿈을 꾸는 듯한 생각이 들고 아버지가 내게 수영을 자상하게 가르쳐 주시던 달빛의 따뜻함이 느껴진다.

열하나.
로또우유

　10여 년전에 S학교에서 근무할 때 어느 날의 일이다. 갑자기 긴급 교직원 회의가 열렸다. 학교에서는 아이들의 영양을 고려하여 대부분의 학교들은 1교시 후에 우유 급식을 하였다.
　그런데 고학년 말썽꾸러기 아이들이 4층이나 5층 교실에서 우유가 먹기 싫다며 우유를 밖으로 던져버렸다는 것이다. 한 두 번이 아니라 빈번히 발생하던 일이었다. 길을 지나가던 차량들이 우유테러를 당하여 화가 나서 학교에 민원접수가 빗발치게 들어오고 있다는 것이다.

　교장, 교감선생님은 각 담임들에게 우유 급식을 철저히 지도하라고 하였다. 아이들이 4층이나 5층 교실에서 떨어뜨린 현장을 보니 어이가 없었다.
　정말 기가 막힌 일이었다. 아이들에게 그러지 말라고 계속 타이르고 심지어 나중에는 학급의 학생 명단을 들고 우유 먹은 아이들을 직접 일일이 매일 체크하였다. 그래도 좀처럼 나아지는 면이 없었다.

고학년 아이들은 창가에서 몰래 밖으로 던져 버리는 일이 문제였고 저학년 아이들은 다 먹지도 않은 우유를 남긴 채로 우유 걷어가는 박스에 몰래 넣어 버리는 것이었다.

여러 가지 많은 생각을 하며 고민을 거듭하다가 내 나름대로 로또우유라는 방법을 생각하였다. 우유를 완전히 다 마신 후에 우유갑 밑바닥에 자기 출석번호를 기록하여 내도록 하는 것이다. 이건 번호를 보고 다 마셨나 안마셨나 체크하는게 아니라 아이들이 서로 돌아가며 우유를 다 먹은 상자에서 어떤 아이가 눈을 감고 우유갑을 한 개 추첨하는 방식이다.

추첨된 우유갑 뒤를 보아 누구 번호가 로또로 당첨되었는지 확인한다. 거기서 당첨된 아이의 빈 우유갑을 나는 로또우유라고 이름지었다. 로또우유에 당첨된 아이는 좋아하는 과자나 초콜릿 등을 선물받도록 하였다. 별 것도 아닌 것 같지만 아이들에게 그 방법은 효과적이었다.

한참 이런 방법으로 하다보니 어떤 먹을 것으로 보상을 주어 이런 식으로까지 교육을 해야 하는 갈등도 있었으나 선물은 내 나름대로 다양하게 하였다. 시간이 어는 정도 지나자 아이들이 우유를 잘 먹게 되었다. 로또우유 당첨이 안되어도 나중에는 그리 실망하지는 않았다. 왜냐하면 한번 당첨된 아이는 배제하였기 때문이다.

그리고 우유의 영양, 우유를 먹으면 건강에 매우 좋은 점 등을 가르쳐 주었다. 점차 로또우유가 활기를 갖게 될 때 학용품으로 보상의 물건을 바꾸게 되고 그 다음으로는 선물 없이도 잘 먹는 행운아 로또는 진정 누구일까요? 라는 칭찬 제도로 바꾸게 되어 다른 반 교사들도 나에게서 그 방법을 벤치마킹 하기도 하였다.

어린 시절의 우유에 대한 나의 추억을 아이들에게 이야기 해주었다. 내가 어렸을 때 그때는 서울우유가 처음 등장하였다. 지금도 서울우유 생각을 하면 손에 추억어린 아침 배달 우유의 따뜻한 온기가 생가난다. 배달된 시울 우유 병우유는 내 친구들에게도 자랑거리였다.

1973년도에 서울우유병이 나왔다고 하는데 최근 그 빈병이 고가에 팔렸다는 이야기를 들었다. 우리 형제들은 아침마다 배달오는 그 따끈따끈한 우유를 기다리며 우유를 받자마자 같이 나누어 마셨고 심지어 우리집도 우유에 밥말아 먹은 적도 있었다. 그만큼 그 당시 우유는 아무나 못 먹었고 귀한 음식으로 생각하였다. 나중에는 시중에 가게에서도 우유가 판매되면서 서울우유가 삼각형 팩으로 나와 뜨거운 물속에 데워 먹은 기억도 난다. 병에 들어 있는 우유는 손가락으로 눌러서 마분지 위의 병마개를 걷어서 먹는데 잘못 누르면 우유가 분출하기도 하였다.

아이들에게 우리 어린 시절에는 우유가 얼마나 귀한 것이었는지 강조하여 말해주었다. 오죽하면 밥을 말아 먹을 정도였는지 이야기를 하며 꼭 로또상품 받는 것이 아니더라도 앞으로 우유의 영양을 생각하며 각자의 건강을 위하여 잘 마시기로 약속하였다.

우유를 마시고 몸에 맞지 않거나 속이 불편한 아이들은 부모의 동의서를 받아 마시지 않게 조치를 하였고 우유갑을 다 모아서 다양한 미술작품 만들기도 하였다. 다 마신 우유갑을 이용하여 재활용품으로 활용한 물건도 많았고 특히 우유갑으로 고학년 아이들이 나중에 첨성대를 만든 적도 있었다.

나이가 들어 뼈건강이 안 좋다 보니 나이들어도 우유를 계속 마시고 있다. 여러 가지 고칼슘 글자가 들어간 우유를 마시고 있다.

우유 이름별로 웃기는 이야기도 있는데 엄마들이 아이를 대학에 보낼 때 가장 좋은 대학에 보내고 싶으면 서울 우유를 마시게 하고, 실력이 약간 모자라면 연세 우유를 마시게 한다고 한다. 그래도 실력이 안되면 저지방 우유를 마신다는 이야기로 말하기도 한다. 여기서 대학을 못나오면 이민 간다고 덴마크 우유를 마시고 떠난다는 개그도 있었다.

　지금은 학교에서 우유를 먹지도 않고 바깥으로 던지는 행위가 일어나지 않는다 한다. 매우 교육적 방법은 아니라도 예전에 아이들에게 효과 있었던 로또우유가 생각났다. 그 당시 실행하던 방법대로 아이들을 가르칠 때 다양한 아이디어가 떠올라야 한다고 생각한다.
　나는 오늘 냉장고에서 고칼슘 우유 한 팩을 꺼낸다. 나도 눈감고 어떤 고칼슘 우유나 두유가 손에 잡히는지 팔을 뻗어본다.

제2부

교단 산책

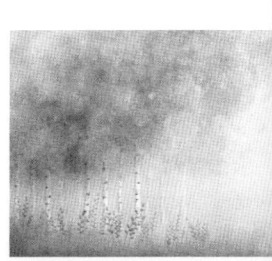

하나 - 7년만의 애프터 서비스
둘 - 교사가 가장 훌륭한 직업이라고
　　　일깨워 주신 나의 스승님
셋 - 봄꽃들의 합창
넷 - 봄이 오는 길
다섯 - 나를 아름답게 하는 아이들
여섯 - 색칠놀이
일곱 - 마지막 담임
여덟 - 장미 한 송이
아홉 - 최고의 선물
열 - 우리반 싸움짱의 추억
열하나 - 파랑새의 꿈
열둘 - 은사님의 추억
열셋 - 세 박자의 힘

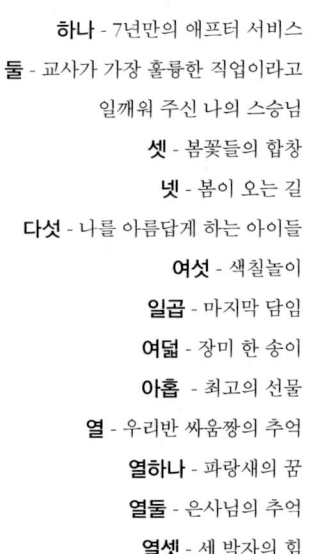

7년만의 애프터 서비스

어느 나른한 봄날 토요일 오후에 생각지도 못한 전화가 한 통 걸려왔다.

"거기 이혜경 선생님 핸드폰 맞나요?"

"네, 맞는데요. 그런데 누구시죠?"

"선생님! 저 Y에요. 기억나시나요? 제가 6학년 때 선생님이 담임하셨어요."

"아! 그래, Y구나. 기억난단다. 정말 오래간만이구나. 내 핸드폰 번호를 어떻게 알았니?"

"예전 학교에 찾아갔더니 선생님께서 다른 학교로 옮기셨다고, 마침 다른 선생님이 알려주셨는데 선생님 연락처를 아신다고 해서 제가 전화번호를 받아 적고 지금 걸어보았어요."

사람의 인연은 이렇게 운도 따라야 한다고 생각한다. 만일 나를 잘 아는 그 선생님이 없었다면 아무리 찾고 싶어도 연결이 안

될 수 도 있었을 것이다.

반가운 마음으로 이렇게 시작된 전화 대화가 30분이나 지속되었다. 전화를 금방 끊을 수 없던 가장 큰 이유는 수화기에서 들려오는 다음과 같은 말 때문이었다.

"졸업한 지 7년이나 지났으니 지금은 어느새 대학생이 되었겠네?"
"아니에요. 그동안 아파서 학교를 많이 쉬었어요. 아직 고등학생이에요."
"그래? 어디가 아팠는데?"
"……………………………!"
"마음이 아팠구나……!"
"네... 맞아요……!"

7년 만에 듣는 아이의 목소리 분위기에서 나는 이상한 직감이 느껴졌다. 그순간 어디가 아팠냐고 물어보았는데 한참 동안이나 말이 없었다. 나도 모르게 혹시 마음이 아팠냐고 물어보게 되었다. 그리고 Y가 나를 만나고 싶다고 요청하길래 그 다음 주 한가한 날을 잡아 약속장소를 정하였다. 내가 편하도록 우리 집 근처로 자기가 직접 오겠다고 하길래 집에서 가까운 백화점 분수대 앞에서 만나기로 하였다.

나도 그동안 세월이 흘러 많이 늙었고 Y의 모습은 내 기억 속에 6학년 때의 얼굴 모습만 남아 있으니 내가 자기를 못 알아볼까 봐 까만 모자를 쓰고 나온다고 하였다. 전화를 끊고 나니 7년 전 Y의 모습이 주마등처럼 어른거렸다. 많은 아이들을 가르치고 세월이 지나가면 어떤 아이는 얼굴도 잘 생각 안 나고 이름도 잊어버리는 경우가 있다. 또 어떤 아이는 얼굴과 이름이 또렷이 기억날 만한 사건을 가진 아이도 있다. 독특한 특징을 가진 아이의 경우는 항상 기억이 또렷하게 생각날 수도 있다. Y의 경우는 이름과 얼굴이 금방 기억나는 경우이다. 사실은 그 아이의 4학년과 6학년 두 번을 내가 담임하였기 때문이다. 그리고 유난히 과학을 좋아하고 미술시간에 창의적인 작품 만들기를 매우 잘 하였으며 발명에도 소질이 있었던 것 같았다. 얼굴도 너무 귀여워서 생각이 많이 있다.

  드디어 Y와 만나기로 약속한 날이 되었다. 까만 모자를 쓴 Y의 모습은 쉽게 알아보고 찾을 수 있었다. 백화점 식당가에 올라가서 내가 저녁을 사주면서 그동안의 지나간 긴 이야기를 듣게 되었다. 초등학교를 졸업하고 중학교 3학년 때 자기가 원하던 예고에 가려던 꿈이 좌절되어 많이 실망하며 할 수 없이 일반고에 진학을 하였다고 한다. 고등학교에서 여러 가지 안 좋은 경험들을 하고 악순환을 거치면서 고등학교 2학년 때 많이 힘들었다고 한다. 적응하기 어려운 증상이 점점 심해지자 결국 중간에 휴학을 하고 쉬다가 지금은 몸이 좋아져서 공기 좋은 지방에 있는 다른 학교로 전학을 가서 다시 고등학교 생활을 비교적 잘 지내고 있다고 한다. 나는 Y의 이야기를 들으며 무척 놀랐다. 내 기억 속에는 그 아이가 어린 시절 해맑게 웃고 심성도 착하고 여리던 아이였는데, 초등학교를 졸업하고 그 이후 성장하는 동안 그렇게 힘든 시간을 보냈다는 것에 너무나 마음이 아팠다. 그리고 어린 시절인 초등학교 때의 즐거웠던 경험이나 행복했던 경험들 때문에 어릴 때 다녔던 학교를 자주 생각하며 그리워했다는 것이다.

사람이 병이 들면 육체적인 병이나 정신적인 병이나 모두 다 힘들지만 특히 육체적 질환으로는 암이 가장 힘들고 정신적으로는 우울증이 제일 힘들다는 내용의 기사를 언젠가 신문에서 읽은 기억이 났다.

저녁을 먹고 같이 차 한 잔 하면서 Y의 나머지 이야기를 끝까지 들어주는데 우리가 기차여행을 한 것처럼 시간이 벌써 두 시간 반이나 지나갔다. 우리가 헤어질 때 Y는 내게 전화를 가끔 해도 되냐고 물어보았다. 나는 언제든지 전화해도 괜찮다고 대답하였다.

그 이후부터 Y의 전화가 자주 걸려왔다. 어떤 날은 자기 이야기를 자주 하며 서로의 안부도 주고 받으면서 친숙해졌다. 어떤 날은 간단히 자기 하고 싶은 이야기만 간단히 하고 전화를 그냥 끊는 날도 있었다. 그저 어떤 방식으로든지 Y의 말을 끝까지 다 이해하고 들어주며 전화를 끊을 때는 Y에게 힘이 되고 용기와 격려되는 문장으로 말해주면서 마음 속으로 그의 건강과 행운을 빌며 기도하는 마음으로 수화기를 내려 놓았다. 어떤 날은 Y의 어머님과 Y의 이야기를 하기 위하여 몇 시간 동안 통화하며 옛날 이야기를 즐겁게 한 날도 있었다. Y어머님은 Y를 담임하던 시절 우리 반 학부모 대표였기 때문에 더욱 친숙하였다. 목소리도 예전 그대로 변함이 없으셨다.

옛말에 시간이 약이 된다는 말이 있다. 어느덧 세월이 점차 흐르게 되어 Y는 대학 입시준비를 하게 되었다. 다행히 Y의 마음을 잘 이해해주는 고3 담임교사도 만났고 Y는 자기가 하고 싶은 취미를 살려 대학에 가기로 하였다. 그 소식을 듣고 무척 반가왔다. 그는 사진찍는 취미로 사진에 관한 관심과 열정도 가지게 되었고 사진공부를 꾸준히 한 결과 결국 K대학교 사진학과에 당당히 합격하였다. 그리고 꾸준히 자기 진로를 따라 공부를 하였다. Y의 어머니와 기쁨의 소식을 주고 받으며 마음껏 축하해 주었다. 그의 어머니는 이제 이 세상 모든 것이 하나도 남부럽지 않다고 하셨다. 나도 너무 기뻐서 Y에게 진심으로 축하를 해주었다. Y가 대학에 입학하자 대학생활이 즐겁고 바빠서 그런지 그때부터 Y의 전화가 잘 걸려오지 않았다. 그건 바로 학교생활과 사회생활에 잘 지내고 있다는 뜻이었다. 그리고 지금도 가끔 Y가 찍은 사진들을 보면 예술적이다. 그 이후 나도 직장생활에 바빠서 정신없이 지내며 생각하다가 중요한 점을 깨달았다.

어느 날 집에 있는 가전제품이 갑자기 고장나서 AS(애프터 서비스)신청을 하였다. 친절한 서비스와 함께 가전제품을 새로 고치게 되었고 다시 편리한 생활을 하게 되었다. 또한 애프터 서비스를 받은 결과와 느낌이 어떠냐고 만족도를 묻는 상담원의 전화도 걸려왔다. 가전제품 상담원의 설문 만족도에 기분좋게 응하고 나니 갑자기 내가 그동안 가르친 아이들을 생각하며 나 자신은 진정 내가 가르친 아이들에게 언제든지 애프터 서비스를 할 준비가 되어 있는지 되돌아보게 되었다.

우리는 해마다 많은 아이들을 일년 동안 가르치고 그 아이들을 졸업시키게 된다. 작년에 힘들었던 아이가 새 학년에 올라가면 새 담임으로부터 어김없이 그 아이에 대한 전반적인 내용과 상황 설명을 요청받기도 하고 새 학기가 되면 미리 새 담임에게 교육적으로 도움될 만한 정보를 알려드리기도 한다. 지금 가만히 생각해보니 나는 유명한 가전제품처럼 즉시 찾아와 고객의 요구에 철저히 응하는 애프터 서비스 차원은 아니었으나 Y와의 관계는 마치 7년 만에 해결된 나만의 기억나는 애프터 서비스 같았다.

이제 벽에 걸린 달력을 보니 2020년도 끝날 날이 얼마 남지 않았다. 아름다운 이 가을이 떠나고 나면 겨울이 다가오고 또 아이들을 떠나보낼 준비를 해야 한다.

문득 문정희 시인의 〈그 많던 여학생들은 어디로 갔는가〉의 몇 구절이 떠오른다.

'학창시절 공부도 잘하고/ 특별활동에도 뛰어나던 그녀/ 여학교를 졸업하고 대학입시에도 무난히 합격했는데 지금은 어디로 갔는가……(중략)'

이 시에 나오는 내용처럼 그동안 나와 같이 학교에서 공부하고 희노애락의 생활을 하며 씨실과 날실의 시간들을 함께 지냈던 그 많은 코흘리개들은 지금쯤 모두 어디에 있을까? 내년이 되든지, 아니면 7년 아니라 10년이 지나도 내가 가르쳤던 제자에 대한 애프터 서비스를 충실히 해 줄 수 있는 마음가짐을 언제나 가져야겠다고 진지하게 생각하였다.

나와 Y는 분명 7년 만의 애프터 서비스처럼 우호적인 친숙한 관계맺기가 되었다고 생각한다. 이러한 경험을 바탕으로 나는 언제든지 아이들에게 친절하고 애프터 서비스하는 마음으로 오랜 세월이 흘러가도 항상 기다리는 마음으로 살아가야 하겠다.

둘.
교사가 가장 훌륭한 직업이라고
일깨워 주신 나의 스승님

　나는 어릴 때부터 내 직업이 교사가 되리라고는 꿈도 꾸지 않았었다. 나는 어린 시절부터 병원 의사들의 흰 가운에 매료되었고, 간호사들의 따끔한 주사 바늘을 잘 참는 아이라 항상 간호사들에게 칭찬받았던 아이였다. 알코올 냄새로 진동하는 병원약이 머리 아플 정도로 싫다는 사람도 있지만 나는 유난히 의사 가정의 친한 친구들이 많은 탓에 항상 그 친구들과 놀면서 병원 출입을 많이 하여서 그런지 병원 소독약 냄새가 싫지 않았다.
　나의 아버님께서는 공무원이셨지만 나는 내 친구 아버님의 의사 직업을 늘 동경하며 선망의 눈으로 바라보았다. 내가 아플 때 친구 병원에 가서 치료하면 더 잘 낫는 것 같았고 치료해 주시는 친구 아버님이 우리 아버님보다 더 멋져 보였다 그래서 나도 크면 한 때는 의사가 되리라 마음먹은 적도 있었다.

그러나 막상 대학입시 준비할 때 나라에서 실시하는 대학예비고사를 치루고 내가 원하는 대학의 본고사를 치룰 즈음에 내 일생의 큰 전환점이 생겼다. 나는 갑자기 심한 후두염에 걸리면서 병원생활을 하며 며칠을 끙끙 앓아 누웠다. 하필이면 대학시험을 치루어야 하는데 운이 없게 많이 아픈 것에 대하여 나는 너무 속상하였다.

지금도 그렇지만 그 당시에도 워낙 의대니 약학계열 입시는 다른 학과보다 커트라인 점수가 높기도 하였고 나는 내가 희망하는 의대 또는 약학계열에 떨어질까봐 초조하고 불안하여 결국 다른 학과로 진로 변경을 하기로 하였다. 의약 계통은 고등학교에서 이과 출신들이 많이 가는데 너무 자신이 없고 불안하여 일부러 안전한 과를 선택하여 합격하려고 문과로 급히 진로변경을 하였다.

지금은 온라인 등으로 입시원서 접수를 신속하게 하지만 내가 대학을 갈 때에는 대학교에 직접 찾아가서 원서 접수를 하였다 특히 원서 접수 마지막 날은 입학사무처 창구에서 발 디딜 틈도 없이 오밤중까지 북새통을 이뤄야 했으며 마감 당일 9시 뉴스에는 주요 대학의 경쟁률이 톱뉴스로 나오던 시기였다.

요즘같이 스마트폰이나 휴대폰은 커녕 공중 전화박스 앞에 줄 서서 전화 한 통 하려면 온종일 기다리던 시절이라 가족들과 연락하며 입시 전략을 짜기도 어려웠다. 나는 결국 원서 마감 몇 분 전에 발을 동동 굴리다 사람들이 워낙 원서내는 창구에 몰려들고 많아서 땅바닥에서 엎드려 원서를 썼는데 내가 바라던 의과나 약학 계열 대학은 저만치 날개 달려 날아가 버리고, 마지막 창구에서 내 원서는 인문대학에 지원했다가 또 자신이 없어 사범대학의 운명으로 이상하게 운명이 꼬이며 흘러 들어갔다.

드디어 본고사를 치루고 면접날이 다가왔다. 긴장된 마음으로 면접하는 담당 교수님의 연구실 방문을 열고 들어가니 머리가 희끗희끗하신 엄격해 보이는 여자 교수님께서 매서운 눈으로 나를 쳐다보는 통에 입이 덜덜 얼어버렸던 것 같다. 왜냐하면 이과에서 문과로 진로변경을 급히 하였기 때문에 나는 나의 평소의 교육관? 교사가 되기 위한 마음가짐? 아이들에 대한 애정? 등 이런 질문에 대답을 하나도 못하고 마냥 쩔쩔매기만 했던 기억이 난다.

그 후 면접을 담당하시던 그 교수님은 나의 지도교수가 되셨고 워낙 호랑이 교수님이라 매번 강의시간마다 우리는 살얼음판 같은 수업시간을 보내고 있었다. 그 강의시간에는 조금이라도 시간을 어기고 지각하면 즉시 눈밖에 벗어났고 옷차림도 항상 단정하게 신경써야 했다. 과제물은 기일 엄수에 맞추고 일거수일투족 거의 매일 잔소리만 들었고 우리가 조금 실수라도 하면 단호하게 야단을 맞아야 했다.

그 교수님의 별명은 학교 내에서 아주 유명한 호랑이 교수님이셨고, 우리가 스승의 날에 꽃을 선물하면 우리보고 땅에서 잘 자라고 있는 꽃을 꺾어서 죽게 하였다고 살인자 같은 사람이라고 말하셨다. 논문이나 학업에 대하여 지도 받으러 갈 때 빈손으로 가기가 뭐해서 음료수 또는 제과점 빵이나 과자를 사서 가지고 가면 순전히 공해 덩어리를 사왔다고 퇴짜맞고 다시 그 빵집에 돌려줘야 했다. 일체 어떠한 물건이나 답례를 받지 않으셨으며 훗날 우리가 교단에 서도 그렇게 청렴하도록 스스로 본을 보이셨다.

본인에 대한 관리가 굉장히 철저하고 고집이 세시고 성격이 강하신 분이라 누구하나 이길 사람이 없었다.

나의 갑작스럽게 진로가 변경된 사범대학 안에서의 내 운명은 희한하게 학과 과대표까지 맡게 되어 남이 접촉하기 싫어하고 어렵게 여기는 그 분과 가장 많은 대화를 하고 늘 접촉을 해야 했다. 항상 일이 생길 때면 과대표란 이유로 다른 학생들을 내신하여 혼도 많이 나고 울기도 많이 하였다.

그러나 졸업식 전 날 우리는 그 분이 얼마나 사랑이 많으시고 마음 속은 한없이 인자하신 분인지 우리는 그 분이 마련해 주신 종강파티 앞에서 감동의 눈물 도가니가 되었다.

교수님께선 나에게 과대표라는 호칭보다는 옛날식으로 급장이라고 불러주셨다. 그리고 졸업 전날 급장으로서 수고가 그동안 많았다며 처음으로 칭찬해주셨다. 해마다 졸업생들에게 졸업식 종강파티를 열어주셨다. 40명 가까이 되는 우리들을 위하여 손수 집에서 건강을 위한 한방차를 끓여서 엘리베이터도 없는 5층 강의실까지 날라왔고 정갈한 쿠키와 함께 사회 매너와 예법을 가르쳐 주셨다. 서로 돌아가며 한 명씩 덕담을 해주시고 겨울이라 크리스마스 캐롤을 종이에 복사하여 나누어 주셨다 그 캐롤 노래를 영어로 부르면서 우리가 졸업 후 긍지와 사명감을 가지고 아이들을 위한 교사로서 헌신할 것을 힘주어 말씀하셨다. 우리들 모두 졸업하면 당연히 이 나라 이 땅의 아이들을 위한 훌륭한 교사가 되어야 한다고 늘 강조하셨다.

어떤 친구가 자기는 이미 다른 회사에 원서를 넣어 취직하였다고 말하자 막 화를 내시며 교사보다 훌륭한 직업은 없는데 어떻게 그런 보람도 없는 회사에 가느냐고 호통을 치셨다. 특히 가장 강조하신 말씀은 초등교육이 가장 중요한 교육이라는 말씀이었다.

아직도 그 분에게 배운 가르침은 지금까지 늘 잊혀지지 않고 내가 평생을 교직으로 살아가는 동안 좋은 밑거름의 교훈으로 자라서 나의 교육적인 신념이 되었다. 여러 가지 많은 가르침 속에서 맹훈련을 받았지만 그 중에서 특히 중요한 가르침을 열거하자면 대략 이러하다.

아이들을 내 몸보다 아끼고 사랑할 것, 남보다 더 부지런히 생활할 것, 진리는 항상 변하지 않는 법이니 세파에 흔들리지 말고 소신이나 줏대를 가지고 옳다고 생각하는 일이라면 밀고 나갈 것,

항상 공부하며 연구하는 교사가 될 것, 이 세상에서 아이들을 가르치는 직업만큼 아름다운 직업이 없다는 것을 인정할 것 등이었다.

오후 수업을 마친 어느 나른한 오후였다. 친한 후배로부터 한 통의 전화를 받았다. 은퇴하고 캐나다에서 여생을 보내신다던 그 교수님이 한국에 잠깐 나오셨다 한다. 정말 너무나 뵙고 싶었다. 교수님의 나이도 이젠 너무 연로하셔서 언제 돌아가실 지 모르니 꼭 만나자고 하며 동창과 동문들이 많이 모인다고 하였다. 나는 열일을 제치고 얼른 만나보러 바삐 걸음을 재촉하였다. 너무 시간이 많이 흘러서 날 못 알아보시면 어쩌지? 하며 걱정했는데 다행히 나를 알아보시고 반가와하며 나를 아기다루듯 내 뺨을 만져주셨다. 그런데 나는 잘 알아보시고 내 옆에 앉아 있는 친구 이름은 잘 기억을 못하셔서 그 친구는 서운해 하였다. 나이가 많이 드셔서 이제는 귀도 어두워지셨고 치매끼도 좀 생기셔서 우리에게 조금 전 했던 질문에 대한 답변을 금방 잊어버리고 다시 여러 차례 묻고 또 물어보셨다. 그래도 우리는 귀찮은 내색없이 기꺼이 대답하였다. 모두들 눈가에 촉촉한 눈망울로 한평생 홀로 살며 구순이 훨씬 넘으신 잊지 못할 은사님을 바라보며 의미있는 시간을 가졌다.

우리가 아쉬운 마음으로 헤어질 때 갑자기 강의실에서 하시던 교수님의 옛날 말투가 교수님 입에서 튀어 나왔다.
 "초등교육이 바로 서야 나라가 바로 선다! 너희는 훌륭한 교사가 되어야 한다!" 라며 큰 소리로 외치셨다. 우리는 깜짝 놀랐지만 일제히 "네!" 하며 크게 대답하고 옛날 몇 십년 전하던 행동처럼 서로를 끌어안았다.
 나는 일생에 나에게 교사라는 직업이 훌륭하다고 늘 일깨워 주셨던 나의 스승님을 만난 것을 큰 축복으로 여긴다. 그래서 나의 잊을 수 없는 은사님의 가르침을 기억하며 지금 오늘날까지 교사가 되어 있었던 것 같다.

셋. 봄꽃들의 합창

올해도 어김없이 봄이 찾아왔다. 해마다 3월이 되면 각 학교에서는 항상 새학년의 시업식과 1학년의 입학식으로 첫 행사를 시작하게 된다. 첫 단추를 끼우는 설렘과 기대 속에서 아이들은 새로운 친구들과 새 선생님을 만나게 된다. 첫 행사 중에 학부모와 아이들을 가장 설레게 하는 것은 역시 노란 병아리들의 행진으로 시작하는 1학년 입학식이다. 나는 몇 년 전에 학교의 급한 사정으로 할 수 없이 1학년 담임을 맡았던 때가 떠올랐다. 1학년 담임을 평소에 잘 안하다가 그 당시 너무나 오래간만에 맡게 되었.

과거에 1학년 담임을 했던 기억은 매우 공포스럽고 끔찍한 것이었다. 1학년 코흘리개들은 끊임없이 돌보아 주어야 하고 말 한마디도 제대로 못 알아들으니 내 성격과는 참으로 안 맞는다고 생각하며 나는 고학년 위주로 담임을 신청하여 대부분의 교직생활은 고학년 아이들과 인연을 가지고 있었다.

그래서 나는 일부러 오랫동안 1학년 담임을 기피하려고 하였다. 그렇게 오랜 세월이 흐르다가 몇 년 전 어느 해에 학교 사정상 어쩔 수 없이 1학년 담임을 하게 되었다. 게다가 학년부장 업무까지 겸하게 되었다. 그래서 그 당시 1학년 입학식을 하던 날은 내가 부담감이 더 많이 생기고 1학년 학부모님들보다 더욱 떨리는 마음으로 많이 긴장했던 것 같다.

그 해 3월 초 운동장에 모인 아이들의 출석을 부르며 노란 이름표를 아이들 목에 한 명씩 걸어주다 보니 그 날 유난히 눈에 띄는 여자 아이가 한 명 있었다. 한 눈에 보기에도 외모적으로 특징을 알 수 있는 다운증후군 아이였다. 1학년 아이들은 워낙 궂은 일 등 손이 많이 가고 신경 써야 할 게 한 두 가지가 아닌데다 다운증후군 아동을 담임 맡아야 된다고 생각하니 솔직히 그 해 입학식 첫 날부터 나의 마음을 깊이 짓누르는 부담감이 생기게 되었다.

입학을 한 그 다음 날부터 우리 반은 말이 장애이해 통합교육이지 매일 전쟁같은 날들의 연속이었다. 학급에서는 항상 크고 작은 사건들이 끊이지 않았으며 다운증후군 아이와 일반 아이들 사이에 서로 싸우고 고함지르며 전쟁같은 나날의 연속이었다. 어떤 때는 아이들이 서로 잘 놀기도 하였지만 다운증후군 아이는 어떤 돌발 상황이 생기면 다른 아이들과 자주 충돌하면서 자기 가방이나 물건을 남의 얼굴에 던진다든지 하는 공격성 행동이 강하였고,

고집을 많이 피우며 아이들과 심하게 싸우는 날이 많았다. 어떤 학부모님들은 자기 아이가 조금이라도 맞았거나 불편함을 당하였다고 생각되면 항상 불평과 불만을 즉각 제기하며 학교 교장실이나 교무실에 전화하는 등의 민원 접수를 자주 넣었다. 왜 그 아이는 남을 이렇게 힘들게 하는데 특수학교에 안 들어가고 일반 학교에 들어와서 우리반 아이들에게 방해를 주고 불편을 끼치는지 항의를 많이 하기도 하였다.

다운증후군 아이는 자기가 기분이 나쁘면 고집을 많이 부렸다. 공격성이 심한 날에는 아무 물건이나 닥치는대로 아이들 얼굴과 교실 바닥에 집어던지고 툭하면 교실을 갑자기 뛰쳐나가 순식간에 없어져서 여러 선생님들과 같이 학교 전체를 뒤지고 찾는 소동을 벌였는데 나는 이런 점이 늘 고민거리였다.

어느 날 학교 교문을 벗어나서 아이가 없어져 버렸다. 긴급히 부모님께 연락하여 학교로 오시게 하고 그동안 특수교육을 담당하는 교사들과 같이 학교 밖에 나가서 찾아보았다. 그런데 학교 근처의 공원 풀숲에서 아이의 목소리가 들리는 것이었다. 나중에 자초지종을 알고 보니 갑자기 아이가 용변을 보고 싶었다고 한다. 그런데 화장실에서 혼자 처리를 못하니까 자기의 용변 냄새를 가능한 안 나게 하려고 교실에서 최대한 먼곳을 이동하여 학교 밖으로 나가 학교 근처 공원 나무 그늘 속에 숨어서 용변을 보고 계속 숨어버린 것이었다. 자기 옷에 용변을 묻혀서 부끄러움을 느꼈는지 그 용변 냄새가 사라질 때까지 숨어 있으려고 작정한 듯 하였다. 자기 자신의 용변 문제로 인하여 냄새 안나게 하려고 가능한 우리반 교실에서 멀리 도망가서 아이들이 있는 교실에 안 들어오려고 했었던 사건은 두고두고 기억에 남는다.

그런데 외부로 나가서 용변을 보았던 그 날은 나의 일생을 뒤흔드는 기적이 일어난 날이었다. 그 날 아이를 공원에서 찾아와서 나는 화장실에 얼른 데려가 문을 잠가버렸다. 5월의 날씨라 다행히 화장실 물이 차갑지는 않았다. 아이의 옷을 벗기고 속옷을 다 빨아주고 몸을 깨끗이 잘 닦아 주었다. 다 씻기고 나니 갑자기 아이가 내 어깨에 손을 얹으며 어깨를 툭툭 쳤다.

"고마워!"

하면서 귀여운 미소를 머금고 나에게 반말로 말하는 것이었다.

나는 너무 깜짝 놀라서 입을 다물지도 못하였으나 우리 둘이는 입가에 환한 웃음을 가득 머금고 있었다. 그렇게 예상치 못한 말로 가끔 나를 깜짝 놀래키면서 어느덧 1학기가 지나갔다.

그 당시 우리 학교는 급식실이 없었기 때문에 교실에서 점심식사를 하였다. 그 아이는 몸도 약하고 건강상의 문제가 많이 있었다. 음식물이 식도에서 잘 내려가지 못하였기 때문에 점심식사를 내가 조금씩 그 아이에게 먹여주어야 했다. 식사를 조금씩 아기

같이 잘 받아 먹다가도 늘 교실 바닥에 음식물을 토하고 살았으며 한번 고집을 부리기 시작하면 막무가내로 말이 안 통하여 식판을 뒤집어 엎어버린 날도 많아 나도 식사를 제대로 못하고 무척 애를 먹은 적도 많았다. 나의 하루 일과는 수업 후 점심 식사한 후 그 아이가 쏟아 놓은 교실바닥의 구토를 다 치워야 끝나는 것이었다. 내 책상 아래 서랍에는 내가 읽을 책이나 서류대신 두루마리 휴지와 물휴지, 락스, 페브릭스 등의 물건들로 가득 채워지고 있었다.

어느덧 여름방학이 지나고 2학기에 아이를 만나보니 조금 키가 크기도 하였고 말하는 언어의 발음도 조금씩 또렷하고 좋아졌으며 아는 단어와 어휘력이 점차 늘어나게 되었다. 그렇게 조금씩 아이가 발전해 나가는 것을 느꼈을 때 나는 아이를 옆반으로 심부름을 보내어 작은 일이라도 훈련을 시키려고 괴감한 계획을 세웠다.

2학기 학교생활에 아이가 점차적으로 익숙해지자 2층에 있는 다른 반에도 심부름을 보내는 목표를 세워보았다. 다른 반 선생님들과 서로 아이의 심부름 계획을 알려주고 연락하며 도움도 요청하였다. 아이가 그 심부름도 성공적으로 하고 돌아온 날, 우리는 우리반 아이들과 함께 그 아이에게 박수를 쳐주고 칭찬을 많이 해 주었다. 자기 자신도 그 칭찬을 듣고 기분이 매우 좋았는지 자기 자리에서 갑자기 벌떡 일어나서 "고맙습니다!" 하며 존대말로 대답하여 우리반 모두를 깜짝 놀라게 하였다. 항상 아이에게 반말로 듣고 살다가 존대말로 인사하는 것을 보니 그 날도 기쁘고 놀라워서 입이 다물어지지 않았다. 1학기에 나에게 "고마워!"라고 했던 반말이 2학기에는 "고맙습니다!"라는 존대말로 변하다니……! 정말 눈물이 핑돌며 감동하는 순간이었다.

그 당시에 내가 다운증후군을 비롯한 1학년 아이들과 씨름하며 동고동락한 일년을 돌아보니 '사람이 마음으로 자기의 길을 계획할지라도 그의 걸음을 인도하시는 이는 여호와시니라!' 하는 잠언 16장 9절의 말씀이 떠올랐다. 그렇게 내가 1학년을 맡기 싫어서 피하려고 빠져 나가다가 결국 그 해에 1학년 담임을 하게 되지 않았던가……

1학년이 끝나고 2학년에 올라갈 때 아이들은 더욱 많이 발전하였고 다운증후군 아이는 지금 새 선생님을 만나 계속 성장하며 잘 적응하고 있다는 좋은 소식을 들었다. 그 어머님은 내가 학교를 다른 곳으로 옮긴 지금도 카톡으로 아이가 커나가는 사진과 함께 아이의 예쁜 소식을 보내오신다.

어떤 선생님은 새 학년의 배정을 받을 때 자기가 편한 학년만 받으려고 하거나 유난히 6학년만 담임을 원하는 분도 있었다. 이유를 물으니 아이들이 사춘기 시절이고 좀 힘들어도 그 아이들이 6학년을 가장 많이 기억하기 때문에 본인을 잘 기억하여 알아주고 나중에 찾아오게 된다고 한다. 또한 어떤 선생님은 유난히 1학년만 담임하려고 하였다. 이유를 물으니 아이들의 첫 입학과 함께 백지상태에 아이들과 같이 인생그림을 시작하는 것에 의미를 두고 싶어하기도 하고 또는 너무 어려서 자기들이 누구한테 배웠는지 기억도 잘 못할 때가 많아 자기가 좀 실수한 것도 다 모르고 지나갈 수 있어서 좋다고 한다. 담임 이름도 제대로 기억 못하는 1학년 아이들보다 나중에 초등학교를 졸업하면서 가장 기억이 뚜렷한 6학년 아이들의 담임만 알아준다고 좋아할 필요도 없다고 생각한다.

우리는 살아가면서 그 당시에 모든 힘든 것들이 내 눈앞에 보일 때는 피하고 싶은 길을 찾게 된다. 그러나 그 길이 내 앞에 놓인 길이라면 주저말고 선택을 하고 걸어가야 한다. 그러다 보면 어느 새 힘들게 걸어온 길을 천천히 되돌아보는 여유가 생기게 된다.

비록 그 길이 울퉁불퉁한 자갈길 같아도 우리가 그 길을 따라서 참고 조용히 걷다 보면 자기도 모르는 사이에 아름다운 자갈밭 길로 나의 길이 포장될 수 있다는 것을 느끼게 된다.

우리 학교처럼 개별지도실(특수교육교실)이 있는 곳은 통합교육을 실시하고 있다. 통합교육이란 주로 장애인 통합교육을 말하며 장애 학생과 비장애 학생이 같은 교육 환경에서 같이 교육을 받는 것을 말한다. 이런 통합교육은 장애인이 차별받아서는 안 된다는 인권운동과 함께 유럽 지역을 중심으로 시작되었다고 한다. 정신 지체나 장애 아동을 사회로부터 격리하여 그들만 따로 교육 받고 따로 살게 한다면 과연 그들이 정상적인 삶을 살거나 배울 수 있을까? 이미 외국에서 입증된 바에 따르면 사랑을 주고 받는 가족과 떨어져 지내는 장애인들은 자주 아파서 수명이 줄어들었고 교육의 효과도 없는 것으로 나타났다고 한다. 수용시설을 없애고 가족과 같이 살게 하고 일반 학교에서 통합교육을 시키자 교육 효과도 점점 획기적으로 나아지고 삶의 질도 개선되었다고 한다. 또한 장애인의 수명이 훨씬 늘어난 것은 물론이다.

사실 그 당시 학교 사정에 의하여 억지로 힘들게 맡았던 일년을 돌아보면 힘든 가운데서 우리반 아이들이 장애를 가진 아이와 서로 웃고 울고 하는 가운데 우리반 아이들은 서로를 통하여 마음이 더욱 넓어지고 아이들끼리 배려와 나눔과 소통을 배워가며 많이 성숙하였다는 생각이 든다. 또한 다운증후군을 앓고 있던 아이도 다른 아이들의 좋은 모습을 많이 모방하면서 조금씩 좋은 모습으로 발전을 하였던 것이다. 나는 이상하게도 장애아동을 많이 담임하였는데 모두 다 잊을 수 없고 돌아보면 나를 많이 배우게 하고 가르쳐 준 일들이라 생각한다.

새학년을 시작하는 올해 첫날, 나는 창공에 새 한 마리를 자유롭게 날리는 기분으로 몇 년 전 그 아이를 파랑새처럼 날려 보내는 마음이 되었다. 그리고 어김없이 찾아오는 봄이 되자 또 다른 봄꽃같은 아이들을 맡을 마음의 준비를 하였다. 이번에는 우리반 복주머니에 또 어떤 복덩어리가 들어 있을까?

　올해에 우리 학급의 새로운 명단을 살펴보니 여러 복덩어리들이 많았는데, 그 중에서도 언어치료를 받고 ADHD가 있는 발달장애 아동의 명단이 있었다. 나는 새 학년이 된 아이들 앞에서 내 이름을 칠판에 써주고 내 이름을 말하며 내 소개를 하였다. 발달장애 아이는 언어치료 중이라 발음도 어눌하고 문장을 잘 이어서 말하지도 못하는 아이였다.

　그런데 며칠 후, 그 아이는 분명한 발음으로 내 이름을 처음으로 불러 주었다. 처음에는 3~4 단어 밖에 모르고 모든 발음도 정확하지 않게 말하던 아이가 한 달이 지나자 지금껏 한 번도 들어보지 못한 내 이름을 불러준 것이다. 비록 너무나 어눌한 발음이지만 분명한 어조였다.

　"이-혜-경 선-생-님!"

　이 세상에서 가장 아름다운 단어는 mother(어머니)라는 단어라고 한다. 그러나 장애를 갖고 말 한마디도 제대로 못하고 힘들게 지내던 아이가 내 이름을 처음 불러 준 그 순간은 이 세상에서 나를 가장 아름다운 단어로 귀에 들려주게 한 것이다. 그리고 지난 날 다운증후군 아이의 〈고마워!〉라는 단어와 〈고맙습니다〉라는 단어도 내가 세상에서 들은 단어 중 가장 아름다운 화음이 되어 내 마음 속의 하모니로 울려 퍼지고 있었다.

 지금 교실 옆 창가에는 목련꽃이 아이스크림 색깔로 환하게 피어 있고, 교정에는 우리 반 아이들처럼 귀여운 병아리 같은 개나리들이 손짓을 하고 있다. 특히 흐드러지게 피어 있는 4월의 화사한 벚꽃까지 바라보고 있노라니 아이들과 있는 내 모습이 마치 어느 유명 오케스트라 연주도 남부럽지 않은 요한슈트라우스의 '봄의 왈츠' 음악 연주회에 초대받은 귀빈 같았다.

 우리반 아이들을 생각해보니 다운증후군 아이나 발달장애 아이나 다른 아이들 모두 진짜 내가 만난 아름다운 봄꽃들이었다. 봄꽃이 저 혼자 한 가지만 피면 하나도 아름답지 않다. 산에도 들에도 저마다의 모양으로 어울려 피기 때문에 아름다운 것이다. 봄꽃처럼 어우러져 환하게 웃고 있는 아이들은 1학년이든 6학년이든 관계없이 어느 학년이든 제각기 우리들의 봄꽃들이다. 저마다 제각기 크고 작은 꽃, 이름 모를 꽃, 갖가지 색깔의 꽃들이 피어야 봄은 화려하듯이 우리 아이들도 그렇다.

 오늘 우리 아이들의 얼굴을 다시 쳐다보니 모두 하나같이 아름답고 귀한 봄꽃들이었고, 그 봄꽃들의 향연 속에서 나는 가슴이 벅차오름을 느꼈다.
 내년에도 내 가슴 속에 요한슈트라우스의 '봄의 왈츠'가 들려오는 날, 아이들은 나에게 봄꽃들의 합창소리가 되어 환한 모습으로 언제나 내 마음 속에 다가오고 있을 것이다.
 ---4월의 어느 날, 햇빛이 눈부신 창가에서---

넷.
봄이 오는 길

2009년 3월 2일 새학년 새학기가 시작되었다. 아이들은 새 학년이 되어서 설레는 마음을 갖고 동그랗게 뜬 눈으로 새 교실에 들어왔다. 낯선 모습으로 자기 자리에 앉아 새로운 담임인 나를 호기심 어린 눈으로 바라보았다. 다른 어느 때보다도 나 역시 기대 반, 호기심 반으로 우리 반 아이들을 맞이하게 되었다. 왜냐하면 나는 너무나 오랜 세월동안 주로 4,5,6학년인 고학년을 맡다가 정말 오래간만에 올해는 저학년인 2학년을 맡았기 때문이다.

그리고 학교는 새해가 아닌 3월부터 새로운 출발이 되므로 아이들에게 첫 단추를 잘 끼워주도록 교사로서 많은 노력을 해야겠다고 생각하였다. 바른 예절과 습관, 올바른 학습태도의 형성 등이 무엇보다 중요하다고 느꼈으며, 특히 저학년일수록 아이들에게 꾸중보다는 친절한 말투와 칭찬을 많이 하여 새로운 기분을 느끼게 하고 싶었다.

 유난히 올해는 다른 학년에 비해 2학년 담임들의 경쟁이 덜하다 싶었는데, 아니나 다를까 올해부터 1,2학년은 개정 교육과정이 새로 개발되었다. 그래서 올해 새로 1,2학년을 담임하는 교사들은 2월 봄방학부터 개정 교육과정 연수를 듣고 새로운 지도안과 학습 준비에 총력을 기울이게 되었다.
 새학년이 되어서 새로운 교과서와 함께 아이들을 가르치다 보니 새 교과서의 색감과 질이 너무 깨끗하고 좋았으며 아이들의 흥미를 끌게끔 삽화도 예쁘게 그려져 있었다.

 3월은 특히 아이들에게는 첫 단원을 학습하는 시기이므로 역시 아이들의 눈빛도 그 어느 때보다도 더욱 초롱초롱하였다.
 어느 날 〈즐거운 생활〉 과목을 배우는 시간이었다. 단원의 제목은 "봄이 오는 길"이었다. 이 단원은 정말 다양한 활동들의 주제가 들어있었다. 봄동산의 느낌을 노래, 색, 신체로 다양하게 표현하는 것이 주제로 되어 있었는데, 아이들의 흥미와 요구 그리고 일상생활을 기초로 학습할 수 있도록 학습 내용과 학습활동을 선정하기에 아주 적합한 단원이었다. 요즘에는 교사용 전자저작물로 CD 활용도 많이 하고 교사의 교수 활용도가 높은 동영상 자료 및 콘텐츠가 많이 보급되어 학습을 유용하게 보조해주고 있다.

그 날도 역시 아이들과 봄을 주제로 다양한 활동수업을 하고 있었다. 봄을 주제로 율동도 해보고 봄에 어울리는 그림그리기 및 표현활동을 하게 되었다.
   최근 너무나 많은 상업적인 전자자료와 여러 가지 학습 매체가 범람하는 가운데에서 가끔 나는 CD자료보기 또는 수업 콘텐츠를 많이 사용하면 오히려 학습에 부정적인 영향을 끼치거나 아이들의 창의성을 저하시키는 '클릭교사'가 되지 않을까 우려하던 적이 많았다. 그래서 예전처럼 아날로그적 방식의 수업이 그리워질 때도 있었다.

   그러나 그 날의 〈즐거운 생활〉 단원 "봄이 오는 길"의 수업은 그런 우려를 싹 가셔주었다.
   봄에 들리는 소리를 서로 발표해보고 봄에 대한 느낌을 음악으로 들으며 봄의 모습을 색종이로 오려서 자기가 생각한 대로 꾸며 보는 시간이었다. 최근에 인기있는 전자학습 콘텐츠(아이스크림)를 클릭하여 나는 봄에 어울리는 클래식을 발견하였다. 그 수업에 맞는 봄에 관련된 두 개의 애니메이션 동영상 클래식 음악이 들어있었다.

   하나는 요한 시트라우스의 〈봄의 소리 왈츠〉이고 다른 하나는 멘델스 존의 〈봄노래〉가 있었다. 두 개의 음악을 클릭하여 음악감상을 하면서 봄의 느낌을 경험하며 그 모습을 자기 생각과 느낌대로 꾸미기로 하였다. 특히 아이들 수준에 맞게 그 음악들은 아름다운 오케스트라 연주와 함께 컴퓨터 화면에 애니메이션 동영상으로 연주되어 울려 퍼졌다.

그순간 아이들은 더욱 진지하게 음악을 들으며 집중하고 몰두하였다. 두 개의 음악이 끝나자 아이들은 다시보기를 클릭해 달라고 하였다. 음악을 더 듣고 싶다고 하였다. 봄에 관련된 간단한 음악이었지만 아이들은 정말로 마음 속에 봄이 오는 길을 느끼고 있는 것 같았다. 그러더니 한 아이가 손을 들고 질문을 하였다.

"선생님! 수업 중인데 지금 휴대폰 사용해도 되나요?" 하길래 마음 속으로 "2학년 밖에 안된 꼬마가 무슨 휴대폰을 갖고 다닐까? 요즘 부모님들은 정말 이상하구나!" 하며 생각하였다. 수업 중인데 휴대폰 사용을 하면 학교규칙에 어긋나니 안 되지 않냐고 대답하였다.

그런데 꼭 사용하고 싶다고 그 아이는 간청을 하였다. 무슨 이유 때문에 꼭 사용하고 싶냐고 하였더니, 그 아이가 교탁 앞으로 휴대폰을 꺼내 들고 나오더니 "이 음악과 어울리는 애니메이션 동영상이 너무 아름다워요. 선생님!" 하더니 휴대폰으로 동영상이 나오는 화면을 사진 찍고 저장을 하는 것이었다.

그러자 갑자기 여기저기서 휴대폰을 가진 몇 몇 아이들이 동시에 덩달아 나오게 되었다. 텔레비전 화면 앞으로 나오더니 자기도 그 동영상이 예뻐서 사진 찍고 싶다면서 휴대폰 사진 찍기 셔터를 열심히 눌러댔다. 수업 중에 갑자기 벌어진 일이라 당황은 되었지만, 아름다운 봄의 클래식 향연과 함께 나는 아이들과 그 날 봄이 오는 길을 똑같이 공감하고 있었다.

요즘 교과서에 나와 있는 자료들이 거의 전자자료화 되고 있어서 나는 그저 딱딱한 기계 속에서 아이들의 인성과 감정은 메말라간다고 생각했던 것이 나의 큰 착각임을 알게 되었다. 아이들은 학습에 필요한 사진 자료 및 동영상 감상도 제대로 할 줄 알았으며 질 높은 동영상의 아름다운 그림을 휴대폰으로 촬영하여 사진을 찍어서라도 보관하고 싶었던 것이다. 갑자기 아날로그 세대로서 예전 모습이 마냥 편하다고 잠깐 생각했던 내 자신을 다시 부끄럽게 돌아보게 되었다.

아이들은 애니메이션 동영상 클래식의 봄노래도 잘 감상하며 그 느낌을 색종이 오려 붙이기로 자기만의 독특한 개성을 가지고 멋있게 꾸미고 표현하였다.

아이들은 아날로그 교사같은 나보다 새학년을 맞이하여 새로 사귀게 된 친구들과 함께 봄이 찾아온 학교의 운동장과 뒷뜰로 나가 변화된 자연환경을 보고 느낄 줄 알고 있었다. 이렇게 봄이 오는 길목에서 우리 귀여운 2학년 아이들과 나와의 첫 만남은 요한시트라우스의 '봄의 소리' 왈츠처럼 오래도록 잊혀지지 않을 것 같다.

다섯.
나를 아름답게 하는 아이들

이른 아침 학교에 도착하면 나는 컴퓨터의 전원을 켜며 하루를 시작한다. 언제부터인가 나의 하루는 출근하면 교실의 내 책상 컴퓨터 앞에 앉아 마우스를 누르고 바쁘게 하루의 일과를 시작한 다음 퇴근할 때 다시 컴퓨터 잎에 앉아 컴퓨터를 종료하는 것으로 하루의 일과가 끝나게 된다.

어찌보면 마치 하루 종일 나의 모습은 직업이 클릭 맨(항상 마우스를 클릭하는)같기도 하다. 그만큼 우리 교사들은 예전의 젊은 시절과 달리 컴퓨터는 내 친구이기보다 컴퓨터는 내 자석(magnet)처럼 되었고 요즘 우리 일터에서 컴퓨터가 없으면 정말 아무 일도 못할 것이다.

과거에 컴퓨터가 없던 시절의 아이들 모습도 아름다웠지만, 지금 컴퓨터와 친밀한 아이들의 모습도 나에게는 여전히 아름답다. 그러나 예전의 아이들은 좀 더 자연과 가까웠고 요즘의 아이들은 기계와 더욱 친밀한 감이 있다는 생각이 든다.

돌이켜보면 아이들과의 상호작용 속에서 시대적 흐름에 따라 잊을 수 없는 추억거리가 늘 있었던 것 같다. 컴퓨터가 없던 시절, 휴대폰이 없던 시절에도 아이들은 아름다운 모습으로 나에게 다가왔고 지금 컴퓨터와 휴대폰이 발달한 요즘도 아이들은 아름다운 모습으로 다가온다. 그리고 현대사회가 점점 급변해 가면서 아이들의 모습도 컴퓨터같이 변화하여 갔다.

사실 예전에는 선생님과 방과 후에도 교실에 남아 선생님 일을 돕는 것을 즐거워하고 학급에 봉사하는 일을 남아서 잘 도와주던 아이들도 많았다. 그러나 요즘에는 아이들과 늦게까지 남아서 교실에서 같이 공부하고 일하기는 힘든 여건이다. 방과 후 활동이 늘어나고 학원차가 밖에서 기다리거나 아이들도 꽉 짜여진 시간표 속에서 바쁘게 살기 때문이다. 특히 요즘 아이들이 그렇게 영어 배우기를 열심히 하면서도 정작 우리 한국말의 이해가 정확히 안 될 때의 에피소드는 너무 우습기만 하다. 다음의 예화들은 내가 직접 겪어보고 두고두고 생각이 나는 일들이다.

〈예화 1〉
항상 가을에는 대부분의 학교에서 운동회가 열린다. 어느 날 1학년 담임 선생님이 칠판에 알림장을 써 주셨다.

"내일은 운동회 총연습이 있습니다."라고 써 주었는데 다음 날 아침에 담임 선생님이 교실에 들어가 보니 그 반의 많은 아이들이 장난감 총을 많이 가져와서 만지고 장난하며 교실에서 즐거운 비명을 지르며 아침부터 놀고 있었다. 총연습을 총연습으로 잘못 이해했기 때문이다.

〈예화 2〉

키가 아주 작은 옆반 여자 선생님이 결혼을 하시고 신혼여행을 다녀오신 며칠 후에 자기 반 아이들 교실에 들어갔다. 그 반 아이들은 선생님의 결혼 소문을 들었는지

"선생님! 결혼하셨어요?"

하면서 축하인사를 한 아이들도 많았는데, 그 중에 어떤 아이가 다가오더니 찡그린 얼굴로 말하였다.

"그것 참 이~상하다……! 왜 선생님이 결혼을 하셨을까? 정말 이상하다!" 하는 것이었다. 그 담임 선생님은 너무 그 아이의 말투가 이상해서 왜 선생님이 결혼한 사실이 이상하냐고 물어보았다. 그 아이의 대답은 이랬다.

"결혼은 커야 하는 것인데 선생님은 너무 작잖아요? 작은데 어떻게 결혼을 하죠?"

그 선생님은 (키가) 작아서 결혼을 할 수 없다고 생각한 것이다.

〈예화 3〉

4학년 국어 교과서에서 유관순 전기문을 학습하고 국어 시험

을 보았다.

※ 다음 문장에서 밑줄 친 부분을 소리나는 대로 쓰시오

유관순이 아오내 장터에서 부른 독립만세의 불길은 쉽게 그치지 않았다.
정답 : 불낄

그러나 아이들의 정답은 이렇게 나왔다.
훨훨, 활활, 우지끈 딱, 우지직, 뚝 뚝 딱, 화알~활
(불이 타는 소리를 그대로 써 버린 것이다)
이런 예화 말고도 그동안 현장에서 일어났던 아이들과의 즐거운 경험들은 아주 많다.
물론 아이들과 속상하던 적도 있었고 아이들 문제로 씨름하며 고생했던 날도 있었지만 시대가 흘러도 아이들은 나의 마음을 아름답게 해주는 소중한 인격체이다. 하나님의 형상을 닮은 귀한 아이들의 영혼은 항상 아름답다고 느꼈다.

특히, 올해 나는 발달장애가 1급 이상으로 매우 심한 자폐아동을 맡아 통합교육을 하고 있다. 개별지도실의 특수교육담당 교사 선생님과 항상 자폐아 아이에 대한 교육을 의논하고 서로 토론 및 상담을 하며 통합교육을 하고 있지만 생각보다 무척 어렵다고 느껴진다. 그래서 늘 특수교육 책도 읽어보고 나름대로 그 아동

을 관찰하며 같은 울타리인 교실 속에서 보통 아이들과 함께 생활하도록 노력하는 중이다. 처음에는 내 생각보다 힘든 점이 많아서 내가 너무 스트레스를 느끼기도 하였다.

그러나 차츰 시간이 흐르다 보니 장애 아동으로 인하여 우리 반의 비장애 아동들은 함께 더불어 살아가는 법을 배우고 느끼게 되었다. 서로 다른 점을 이해하고 인정하고 있으며 기꺼이 친구되어 도움주려고 노력하는 모습이 나를 아름답게 한다. 우리반 장애 아동은 자폐가 너무 심하여 의사소통이 전혀 안 된다. 날씨가 나쁘거나 기분이 안 좋은 날은 괴성을 지르고 하루 종일 기운빠지게 힘들게도 하지만 기분이 좋은 날은 예쁜 미소를 보여주기도 한다.

그런데 어느 날 내가 책상 앞에 앉아 일하고 있는데 내 뒤에 살짝 와서 컴퓨터 화면을 응시한다. 그 이이도 요즘 시내의 아이라서 그런지 컴퓨터를 좋아하고 관심이 많은 편이다. 내가 잠시 한눈이라도 팔면 금방 선생님 마우스를 만지고 클릭하려고 시도해본다. 그러다가 다른 아이들이 교실에서 자꾸 장난을 하여 내가 하던 일을 멈추고 그 아이들을 향하여 잔소리를 하고 꾸짖었는데…… 글쎄 이 아이가 내 옆에서 나를 손가락으로 찌르면서 갑자기 작은 목소리로 말하였다

"선생님은 컴퓨터나 하세요…!"
순간 나는 너무 깜짝 놀라서

"너 지금 뭐라고 했니? 다시 말해봐라. 분명히 지금 너가 말한 거지? 우리 민진이 목소리도 잘 못듣고 살았는데 분명히 말을 했구나! 그렇지?"

하고 이야기 하니 무표정한 얼굴로 더 이상 말은 나오지 않았다. 처음 들어본 그 아이의 목소리는 너무 아름다웠다. 그리고 어쩌다 한 문장 나온 것이 그렇게 기쁘고 행복할 수 없었다. 우리 반 민진이의 말문을 열게 한 것을 보니 역시 컴퓨터는 위대한가 보다. 그래서 오늘도 나는 또다시 컴퓨터의 클릭맨이 되기로 하였다.

아름다운 아이들 속에서 나는 〈나를 아름답게 하는 기도〉라는 시를 조용히 음미해 본다.

** 나를 아름답게 하는 기도 **

날마다 하루 분량의 즐거움을 주시고
일생의 꿈은 그 과정에 기쁨을 주셔서
떠나야 할 곳에서는 빨리 떠나게 하시고
머물러야 할 자리에는
영원히 아름답게 머물게 하소서.

누구 앞에서나 똑같이 겸손하게 하시고
어디서나 머리를 낮춤으로써

내 얼굴이 드러나지 않게 하소서.

마음을 가난하게 하여 눈물이 많게 하시고
생각을 빛나게 하여 웃음이 많게 하소서.

인내하게 하소서.
인내는 잘못을 참고 그냥 지나가는 것이 아니라
사랑으로 깨닫게 하고
기다림이 기쁨이 되는 인내이게 하소서.

용기를 주소서.
부끄러움과 부족함을
드러내는 용기를 주시고 용서와 화해를
미루지 않는 용기를 주소서.

음악을 듣게 하시고 햇빛을 좋아하게 하시고
꽃과 나뭇잎의 아름다움에 늘 감탄하게 하소서.

누구의 말이나 귀 기울일 줄 알고
지켜야 할 비밀은 끝까지 지키게 하소서.

사람을 외모로 평가하지 않게 하시고

그 사람의 참 가치와 모습을 빨리 알게 하소서.
사람과의 헤어짐을 자연스럽게 받아들이되
그 사람의 좋은 점만 기억하게 하소서.
나이가 들어 쇠약하여 질 때도 삶을 허무나
후회나 고통으로 생각하지 않게 하시고
나이가 들면서 찾아오는 지혜와 너그러움과
부드러움을 좋아하게 하소서.

삶을 잔잔하게 하소서.
그러나 폭풍이 몰려와도
쓰러지지 않게 하시고
고난을 통해 성숙하게 하소서.

건강을 주소서.
그러나 내 삶과 생각이
건강의 노예가 되지 않도록 하소서.

질서를 지키고 원칙과 기준이 확실하며
균형과 조화를 잃지 않도록 하시고
성공한 사람보다 소중한 사람이 되게 하소서.

언제 어디서나 사랑만큼 쉬운 길이 없고

사랑만큼 아름다운 길이 없다는 것을 알고
늘 그 길을 택하게 하소서.

(이 글은 〈한국교원단체〉에서 발간한 2008년 제56회 교육주간 수기 공모작품 〈선생님들의 작은 이야기〉 책에 실린 글입니다.)

여섯. 색칠놀이

　나는 새 학교로 마지막 전근을 갔다. 나이가 점점 들어가면서 새 학교로 전근을 가는 일은 여간 스트레스가 아니었다. 지나간 세월을 돌아보니 요즘같이 교권이 추락하고 교직의 매력이 사라지던 때는 없었던 것 같다. 그래서 나는 지난 학교에서 그냥 명예퇴직을 할까 말까 많이 망설이고 있었는데, 일단 새 학교로 전근을 가서 학교생활의 적응이 어느 정도 잘 되는지 지내본 후 조금만 더 생활하다가 명예퇴직의 최종 결정을 해야겠다고 마음을 먹었다.

　특히 나의 얼마 남지 않은 마지막 교직생활의 기간이 될 터이니 가능한 모든 것을 내 마음 속에는 백지상태의 흰 도화지로 비워 놓아야겠다는 생각이 들었다. 그러나 마지막 교직생활을 우아하게 채색하면서 꾸며보고 싶다는 비장한 결심은 전근을 간 3월 첫날 하루 만에 무너져 버렸다.

새 학교에 부임한 첫날이었다. 교내 방송으로 내가 전근온 교사 대표로 인사말도 해야 하는지라 정장으로 한껏 차려입고 들뜬 기분으로 출근을 하였다. 순조롭게 아침 일정을 마치고 배정된 새 학급에 들어와 보니 새 학년 첫날인데 우리 반의 여자아이 한 명만 안 온 것이었다. 혹시 아직은 1학년 티를 갓 벗어나기에는 좀 어린 2학년이라서 예전에 지내던 1학년 반을 잘못 찾아갔나 싶어 작년 1학년 반에 연락해보니 거기에는 안 왔다고 한다. 교무실에 연락하여 아이의 집전화를 알아내어 연락해보니 아이의 어머니도 깜짝 놀라시며 아침 8시에 분명히 학교로 나갔다고 한다.

오전 9시 반이 지나 11시가 되어 가는데 무척 걱정이 되었다. 어머님과 다시 전화로 이야기하고 아이에게 무슨 일이 생기지 않았는지 집 근처를 수소문하여 아이를 찾아보아 달라고 부탁하였다. 그 아이 걱정이 많이 되어 다른 아이들에게 새 학년 첫날의 내 소개나 새 인사 및 새 학년을 계획하는 설명도 정신없이 하고 지나가 버린 것 같다.

그날 수업이 다 끝날 즈음 어머니가 아이를 찾았다고 연락이 왔다. 교실문 앞에서 만나기로 하고 나가보니 몸이 참으로 왜소하고 깡마른 체구의 여자아이가 울면서 신발장 앞에 서 있었다. 그 옆에는 당황하여 급하게 나온 듯한 어머니의 헝클어진 머리와 맨발의 허름한 슬리퍼가 내 눈에 들어왔다. 한눈에 보아도 그 가정 생활의 고단한 모습이 영화 장면처럼 머리 속에 포개어졌다. 아이에게 어떻게 된 일인지 울지 말고 천천히 말하게 하고 교실에 데리고 들어와 안심을 시켰다. 아이는 아침에 학교 오는 길에 다른 친구들에게 바보같다고 놀림을 많이 받아서 학교도 오기 싫었다고 한다. 또한 2학년의 첫날이라 새로운 생활에 두려움을 느꼈는데 교실 문앞에 도착하니 실내화도 가져오지 않아 새 교실에 신발 신고 들어갈 수도 없고 실내화 없이 들어가면 발이 시려워서 들어가기 싫었다고 한다. 저 혼자 고민을 하다가 집 근처에서 학교 수업이 끝나기를 기다리며 이 골목 저 골목을 돌아다니고 있었는데 나중에 자기 엄마를 만나서 야단을 많이 맞았다고 한다.

전근 간 첫날, 그 아이와의 만남은 그렇게 시작되어 나에게 아이들은 각종 종합선물 세트로 다가왔다. 학교생활이 시작되면서 아이가 가지고 있는 종합선물을 하나씩 하나씩 천천히 풀어보면 볼수록 그 날 그 아이를 위하여 내가 여러 가지 손길로 보듬고 도와주어야 할일이 무척 많았다. 우선 가정 형편도 무척 어려웠고 아이는 일곱 남매의 여섯째 아이였다. 일곱 남매라면 정말 요즘 시대에 참으로 보기가 드문 가족의 모습이다. 아이의 형제인 언니와 오빠가 3학년, 6학년에 다니고 있어 나는 아이 형제들도 만나서 얼굴을 익히고 친해지도록 이야기를 나누었다. 그 형제들의 담임들을 불러서 학급에서 차를 한잔하며 우리가 모두 아이 형제들의 담임들이니 서로 정보를 자주 주고 받으면서 같이 의논하자고 하였다. 알고 보니 아이의 언니, 오빠들도 3학년이 되어서야 겨우 한글을 조금씩 익혔다고 한다. 내가 알기로는 우리 반 아이가 형제들 중에 가장 학습도 많이 결손되고 정서적으로 성격도 가장 예민한 아이 같았다. 시간이 흐르며 아이에 대하여 매일 신경을 쓰느라 스트레스를 받던 중 나는 나의 교만함을 반성하였다.

지금까지 내가 맡았던 아이 중에는 한글을 모르는 아이도 거의 없었거니와 한글을 아직도 모르고 나의 반에 들어와도 내가 자신감을 갖고 집중적으로 돌보며 학습지도를 하면 보통 6개월 안에는 한글을 터득하게 되었다는 나만의 잘난 업적을 은근히 훈장처럼 여기고 있었다. 지금까지 내딴에는 그동안 가지고 있던 경험의 노하우를 모두 다 써보았지만 몇 개월 지나도 그 아이의 한글 학습지도가 무척 어려웠고 내 생각만큼 한글을 터득하지 못하였다. 게다가 그때 전근 간 학교는 특수교육을 담당하는 교사도 없었다. 그러니 그냥 욕심을 내려놓고 마음을 비우며 본인 이름 석자라도 제대로 알고 써보게 하는 작은 목표부터 세웠다.

사실 알고보니 아이는 심한 난독증이었다. 그리고 편식도 지나치게 심하여 영양이 부실해서 내가 조금만 더 밥을 먹여보려 시도하면 자기 맘에 안 든다고 교실 바닥에 식판을 집어 던진 날도 여러 번 있었다.

아이의 비위를 맞추기도 참으로 힘들고 1학기 초기에는 자기 자신이 조금만 화가 나거나 짜증이 생기면 자기 멋대로 교실을 뛰쳐 나가서 어디 구석을 돌아다니다가 점심시간 다 되어 교실에 들어오는 날도 많다. 교육복지부장과 의논을 해보니 교육복지부장은 그 집에 대하여 잘 알고 있었다. 소속 구청에 연락하여 사회복지사가 도움을 주게 하려고 많이 시도하였지만 부모의 비협조적인 태도로 효과를 전혀 보지 못하였다고 한다. 그래도 그 가정에 줄 수 있는 복지 혜택은 주려고 노력하였다. '에휴! 내 교직생활 사전에 이런 일도 생기는구나!'를 실감하며 마음 속에서 좌절을 맛보는 날들이 생겨났다.

어느덧 시간이 흘러 1학기 명예퇴직 시행 공문이 눈에 들어왔다. '너무나 힘들다!'는 그 한 명 때문에 내가 이러다가 번아웃(burnout syndrome)증후군이 생기면 내 건강도 점점 힘들어져서 나만 손해구나!' 하는 생각에 2학기도 끝내지 말고 명예퇴직을 그냥 얼른 할까 하는 유혹의 손길은 솔직히 내 맘속에서 어지러운 소용돌이로 아우성치고 있었다. 이런 저런 고민을 좀 하다가 예전 학교에서 친하게 지내던 특수교육을 전공한 친한 선생님을 만나 진지하게 아이에 관한 고민상담을 하였다. 아이에 관하여 깊은 대화를 하다 보니 내가 원점으로 돌아가 다시 한번 용기를 내어 아이 교육에 대하여 새로운 시작을 하고 퇴직을 해야겠다는 결심이 생겼다.

나의 성공스런 업적이나 결과를 나타내려는 욕심보다는 아이와의 진정성 있는 소통과 아이와의 진실한 관계 회복이 우선이라는 점을 절실히 느끼게 되었다. 그래서 아이와 단 둘이 사제동행의 다양한 프로그램을 실행하고 아이 엄마와도 적극적인 소통을 시도하여 친밀감이 조금씩 형성되었다. 나는 한글을 빨리 익히게 하려는 무리한 욕심은 조금씩 내려놓고 아이가 관심을 갖고 좋아하는 것이 무엇인지 지속적인 관찰을 하였다. 아이가 난독 증상이 심하니 본인 자신은 수업시간이 얼마나 큰 고통이었을지 미루어 짐작할 수 있다. 그래서 그 아이가 조금이라도 좋아하거나 잘하는 것으로 수업 중에 활동하게 하면 갑자기 울고 화내며 교실을 뛰쳐나가지는 않을 것이라 생각하였다.

아이는 그림그리기 또는 색칠놀이 학습지는 거부를 안 하고 곧잘 따라한다는 사실을 발견하였다. 아이에게 새로운 색연필과 싸인펜, 유성매직 등을 계속 선물로 주고 좋아할만한 색칠놀이용 학습지를 꾸준히 실행하도록 격려를 하였다. 초긴딘 종이집기 및 쉬운 만들기 작품도 지도하며 시도하여 보았더니 어느새 잘 따라하였다. 점점 집중력이 좋아지면서 아이가 매우 거칠게 그리던 색칠이 어느 순간에는 조금씩 고운 꽃잎으로 채색되어 가는 것을 느끼게 되었다. 그렇게 시간이 흘러 조금씩 좋은 변화를 느끼게 되면서 아이와 신뢰와 친밀감이 생기게 되고 아이는 나와 스스럼 없이 이야기도 잘하게 되면서 밝은 모습의 얼굴 표정이 나타나게 되었다.

정말 유명한 말이 생각났다. 아이들은 칭찬에 춤추는 고래도,

당근에 흔들리는 당나귀도 아니다. 아이들이 원하는 것은 진정으로 존중받는 것! 부모나 교사의 조건 없는 관심과 믿음!이라는 구절이 떠올랐다.

나는 하루에 한 번씩 아이에게 색칠놀이와 다양한 종이접기를 지도해 주었다. 아이가 수업 중 글을 몰라서 진도를 못 따라가도 그 아이는 색칠놀이를 하며 집중력도 생기고 자기만의 성취감을 느끼고 있었다. 그러나 정말로 중요한 우리들의 색칠놀이는 내가 그 아이 마음에 칠해주는 진짜 마음의 색칠놀이였다.

한 학기가 끝나는 여름방학날 본인 이름을 가르쳐 주었더니 천천히 따라 쓰게 되었고 2학기에는 정서적 심리가 점차 안정되어 나의 단골 심부름 도우미 역할도 하게 되었다. 2학년이 끝날 무렵 한글도 조금씩 터득하고 나는 아이와 깊은 포옹을 오랜 시간 한 다음 새 둥지에서 어린 새를 날려 보내 듯이 3학년으로 올려 보냈다.

지금도 아이는 가끔 내 교실 근처를 지나갈 때면 우리 반을 찾아와 문을 열고 귀엽게 웃는 얼굴로 인사를 잘 하고 간다. 다행히 3학년 선생님은 예전에 그 아이의 언니를 담임하셨던 분이라 잘 챙겨주셔서 그런지 한눈에 보아도 아이는 매일 조금씩 건강하게 좋은 모습으로 학교에 다니고 있는 것 같았다. 1학년 입학 초기부터 못된 아이들에게 바보라고 심한 업신여김을 받고 사나운 남자 아이들에게 맞은 적도 많았으며 글도 아무 것도 모르는 천치바보라고 놀림도 많이 받았던 아이의 종합선물 세트는 2학년에서 다 풀어져서 날려 보내고 3학년에서는 웃음과 활기의 아름다운 종합선물로 다시 포장되고 있었다.

그동안 아이와의 있었던 일을 생각해보고 나는 깊은 울림과 깨달음을 알게 되었다. 왜 나는 색연필이 없어도 아이의 마음에 진실된 색칠놀이를 할 수 있었다는 것을 진작 몰랐을까? 오늘은 또 누구 마음에 어떤 색칠놀이를 해주어야 할까? 아이마다 그 개성에 맞게 사랑스런 여러 가지 색칠을 해주어야 하겠다. 처음부터 내가 마음을 비우고 흰 도화지로 시작하면 아이들과의 마음 색칠놀이를 통하여 나의 마음도 점점 아름답게 물들고 채색되어 가게 된다는 것을 알게 되었다.

가을이 점점 깊어가고 있다. 지나간 일들을 생각하며 우리 교실에서 창밖을 바라보니 늦가을 단풍 색깔이 오늘따라 유난히 더 고와 보인다.

일곱.
마지막 담임

　예전 학창시절에 배웠던 국어수업 중에 알퐁스 도데의 〈마지막 수업〉이 있다. 이 내용을 공부하고 많은 감명을 받았던 기억이 떠오른다. 소설의 마지막 부분에서 수업이 끝나려고 할 무렵 프라시아군의 나팔소리가 울린다. 그 나팔 소리는 더 이상 프랑스 국민이 프랑스어를 사용하지 못하는 시각이 시작되었음을 알리는 것이었다.
　마치 마지막 통보를 받고 죽음을 맞이하는 것처럼 선생님은 얼굴이 하얗게 창백해지고 무척이나 아쉬워한다. 그리곤 마지막으로 "여러분, 여러분, 나는 나는....!" 하고 말을 이어보려 하지만 더 이상 말을 잇지 못한다. 선생님은 더 이상 아무 말없이 칠판 쪽으로 돌아서서는 "프랑스 만세!"라고 칠판에 쓴다. 그때 나는 프랑스 담임 선생님이 마지막으로 "프랑스 만세!"라고 칠판에 쓰던 모습이 생생하게 떠오르며 무척 감동이 되었다.

나는 올해 마지막으로 교직에서의 담임으로 근무하는 중이다. 마지막 수업에 나오는 모국어를 빼앗긴 슬픔에 대한 전율까지는 아니지만 나도 학급에서는 아주 행복한 끝맺음을 하며 마지막 수업을 하고 싶다. 나는 여러 우여곡절 끝에 진로를 정하지 못하다가 우연히 이화여대 사범대학을 입학하여 중등 영어 2급과 초등 2급 정교사 자격증을 모두 손에 쥐었으나 나의 운명은 지금까지 초등교사로 살아오게 되었다.

내가 아가였던 시절 홍역을 심하게 앓아 돌잔치도 못하고 일찍 죽는 줄 알았다고 한다. 그래서 친정아버지께서는 호적에 나의 출생신고를 빨리 올리지 않고 계셨다가 기적처럼 내가 다시 살아나자 호적에 늦게 올리게 되었다. 그래서 지금 내 서류의 나이는 내 또래들보다 나이가 어리게 나와 있다. 남들은 오히려 나보고 원래 나이보다 직장생활을 더 하게 되어 운이 무척 좋다고 하였다. 나는 이미 교직을 은퇴했어야 할 나이이지만 서류상의 나이로 좀 더 교직생활을 운이 좋게 연장을 하게 되어 감사한 마음을 가지고 드디어 올해 마지막 담임의 생활을 하게 되었다.

〈마지막 수업〉에 나오는 그런 마음 저리는 슬픈 프랑스 교사의 마지막 수업 모습은 아니지만 나의 마지막 수업은 어떠할까? 어떻게 하면 아이들과 아름답게 끝맺을 수 있을까? 하고 늘 생각해 보았다.

지금까지의 교직생활을 되돌아보면 참으로 실수도 많았고 부끄러운 점도 많았다. 또한 수많은 세월 속에서 어린 아이들과 지내던 날들은 희노애락이 씨실과 날실처럼 짜여져 있던 행복하고 즐거운 시간도 많은 날이었다.

마지막 담임으로 가장 잊지 못할 좋은 담임이 되려면 어떻게 해야 할까? 가장 친절을 베풀고 늘 미소를 잃지 않는 아름다운 담임 즉, 올 한해만이라도 아이들에게 천사같은 담임으로 정말 후회 없이 2020년이라는 한해를 마지막 담임의 귀한 시간으로 아이들과 마무리하고 싶었다. 그리고 마지막 수업날은 "정말 사랑합니다! 여러분!" 하고 칠판에 크고 멋지게 써주고 끝내고 싶다는 생각을 해왔는데, 모든 계획은 올해 초부터 갑자기 물거품처럼 되어 버렸다.

새학기가 시작되는 3월에 코로나19라는 위기로 갑자기 개학을 연장하고 정신없이 원격수업에 돌입하게 된 것이다. 생전 처음 경험해보는 온라인 원격수업의 형식을 실전에 터득하고 배우느라 정신이 없었고 얼굴도 모르는 아이들과 비대면 접촉을 하며 수시로 학부모들과 아이들에게 전화상담도 많이 하였다. 코로나19의 영향으로 사상 초유의 온라인 개학을 하다보니 아이들도 당황한 기색이 역력하지만 우리 교사들 역시 온라인 개학 이후 지금까지 생각지도 못한 여러 가지 어려움과 난관에 부딪치는 일이 많았다.

내 인생의 마지막 담임으로 아이들과 마지막을 어떻게 장식할까 생각하며 아름다운 꿈을 꾸고 멋진 계획을 세웠던 모든 것들이 다 수포로 돌아가게 되었다. 1학기를 그럭저럭 힘들게 보내고 짧은 여름방학이 끝날 무렵 2학기는 일주일에 3~4번 등교할 수 있도록 교무회의에서 결정되었다. 그래서 남은 2학기라도 아이들과 좋은 추억을 조금씩 쌓아 나가려고 마음을 굳게 먹었는데 2학기가 되자마자 갑자기 코로나 재확산 숫자가 너무 많이 증가하여 아예 초중고 학생들은 등교를 하지 못하는 온라인 전면 원격수업 방식으로 또 결정이 나버렸다.

우리가 살아가다가 보면 아무리 역량껏 열심히 살아도 불청객처럼 다가오는 고난을 피할 수는 없다고 본다. 그래서 코로나 바이러스 같은 재앙도 해일처럼 우리에게 갑자기 다가오게 되어 당연히 여기던 예전 일상의 생활들이 무척 그리워지기도 한다. 아무리 노력을 해도 어찌할 수 없는 요즘 세상을 살아가며 최근 나는 텅 빈 운동장과 텅 빈 교실에서 방학식도 혼자 하고 개학식도 혼자 하며 화상으로 아이들과 만나며 수업을 혼자 하게 되었다.

마지막 담임생활을 이렇게 지내리라는 것은 꿈에도 꾼 적이 없지만 그래도 아이들에게 할 수 있는 한 마지막까지 좋은 모습을 보여주려고 노력해야 한다고 생각을 한다. 서로 아프지 않고 건강하게 올해 맡은 학년을 마무리하는 것이 지금으로서는 최선의 길이라 생각하고 있다.

　어떤 예기치 못한 일이 닥쳐와 얼떨결에 원하지도 않는 코로나 담임이 되었어도 끝까지 아이들을 사랑하고 베풀어 주어야겠다는 마음은 변치 말아야 하겠다.
　가능하면 아이들과 만나는 작은 순간이라도 귀히 여겨야 하겠다는 생각을 하며, 마지막 담임생활이 끝나는 날까지, 내 나름 아이들과 지낼 수 있는 그날까지 최선의 책임을 다하리라 마음을 먹는다.
　그리고 도종환의 시 〈스승의 기도〉를 나지막히 읽어보며 음미해본다.

　〈스승의 기도〉
　　　　－도종환－

　날려 보내기 위해 새들을 키웁니다
　아이들이 저희를 사랑하게 해 주십시오
　당신께서 저희를 사랑하듯
　저희가 아이들을 사랑하듯
　아이들이 저희를 사랑하게 해 주십시오
　저희가 당신께 그러하듯
　아이들이 저희를 뜨거운 가슴으로 믿고 따르며

당신께서 저희에게 그러하듯
아이들을 아끼고 소중히 여기며
거짓없이 가르칠 수 있는 힘을 주십시오
아이들이 있음으로 해서 저희가 있을 수 있듯
저희가 있음으로 해서
아이들이 용기과 희망을 잃지 않게 해 주십시오
힘차게 나는 날갯짓을 가르치고
세상을 올곧게 보는 눈을 갖게 하고
이윽고 그들 하늘 너무 날아가고 난 뒤
오래도록 비어있는 풍경을 바라보다
그 풍경을 지우고 다시 채우는 일로
평생을 살고 싶습니다
아이들이 서로 사랑할 수 있는 나이가 될 때까지
저희를 사랑하게 해 주십시오
저희가 더더욱 아이들을 사랑할 수 있게 해 주십시오

여덟. 장미 한 송이

해마다 3월이면 우리 교사들은 설레이는 마음으로 아이들을 새로 만나고 새 마음으로 새 학년을 시작한다. 학기 초에 어색한 시간이 흐르다가 시간이 지나고 서로에게 익숙해지면서 일년이 흘러, 그 아이들이 새학년으로 올라갈 무렵이면 일년 동안 나는 그 아이들과 잘 지낸 점이 무엇이었는지, 잘 안 되었던 점이 무엇이었는지를 항상 돌아보게 된다.

지금까지 지난 날들을 생각해보면 항상 해마다 가르쳤던 아이들은 내 만남의 소중한 인연들이었다. 이런 점에서 나는 새학년을 맡으면 항상 정채봉 시인의 〈만남〉이라는 시를 아이들에게 소개한다. 그래서 우리도 좋은 만남을 갖자고 다짐하며 새로운 인연을 이어나갔다. 인생의 희노애락처럼 아이들과 새 학급을 맡으며 살아가는 동안 학급에서도 언제나 희노애락이 있다. 좋은 일과 즐거운 일이 있을 때면 서로 같이 웃고, 힘들거나 슬픈 일이 있으면 같이 슬퍼하자고 아이들과 늘 말하며 지냈다.

어린 아이들과 생활하며 지내는 동안 교사들은 자기 반에서 일어난 일에 대하여 모든 것을 솔직하게 털어놓을 수가 없는 점들이 있다. 예를 들면 학급에서 은밀히 일어나는 왕따 문제나 여러 가지 비밀스런 문제들이 바로 그것이다. 요즘 사회에서 대두되고 있는 학교 폭력에 관한 문제들도 초기에는 잘 드러나지 않다가 심하게 곪아버리면 그 문제들이 수면 위로 터져 나오게 된다.

그러나 나의 경우는 학교 폭력에 관한 문제들은 오히려 부모님과 상담하고 여러 동료들과 교장, 교감선생님의 도움으로 문제가 더 커지기 전에 운이 좋게도 잘 해결되는 경우가 많았다. 지금까지 내 경험 중에서 진짜 나에게 가장 힘들었던 문제는 아이의 심리적인 상태에서 비롯되는 문제라고 생각이 든다. 그것은 바로 학급에서 도벽이 일어나는 경우이다. 도벽의 습관을 가진 아이가 우리 학급에 있는 경우 문제가 심각해지면서 교사는 빨리 해결하지 못하면 마음의 병을 안고 어디에다 말 못할 고민이 되며 괴로와지기도 한다.

교직에 첫발을 내디딘지 얼마 안 되었을 때의 일이다. 그때는 경험이 많은 선배 교사들을 늘 부러워하며 그 분들의 능숙함을 어깨 너머로 배우고 항상 모르거나 부족한 점은 질문하며 상담하기도 하였다. 그당시 젊은 기분에 들떠서 아이들과 즐겁게 지내던 어느 날 자꾸 우리 반에서 물건들이 하나 둘씩 없어지기 시작하였다. 그래서 매일 아이들에게 자기 물건 단속을 잘하라고 지시하기도 하고 교실문을 철저히 잠그고 다니기 시작하였다. 그렇게 계속 신경을 쓰고 주의를 기울이면서 도벽사건은 조금씩 줄어드는 것 같았다.

그런데 며칠 후에 내가 생각지도 못하였던 아주 키가 작은 순진해 보이는 우리 반의 어떤 아이가 도서실에서 남의 가방에서 물건을 훔치는 현장을 들키고 말았다. 결국 도서실 담당 선생님이 나한테 먼저 알리고 말하기 보다는 교감선생님께 직접 말씀드려서 일이 더 커지게 되었다.

그 당시에는 내가 너무 경험도 많지 않은 젊은 교사라 교감, 교장선생님의 처분이나 결정에 내가 항의한다는 것은 있을 수 없는 일이었다. 나랑 그 아이랑 개인적으로 이야기도 해보기 전에 교감선생님께서는 그 아이의 부모님을 호출하여 다른 학교로 전학가는게 어떠냐고 하셨다. 부모님은 울면서 한 번만 용서해달라고 하시며 전학가기 싫다고 하였다. 그러나 교감선생님께서는 여러 아이들의 소문도 그렇고 전학가는게 좋다고 하셔서 결국 전학을 갔다.

그당시 받은 나의 충격은 너무나 컸다. 내가 보기에는 학급에서 얌전하고 괜찮다고 생각한 아이가 도벽을 가진 범인으로 나왔다는 사실이 믿어지지가 않았고 나의 경력없는 무능함을 한심스러워 하였다. 분명히 그런 도벽의 습관은 하루 아침에 생긴게 아니라 2~3년 지속된 것이었는데 전 담임도 그런 일이 발생해도 그동안 쉬쉬하고 지내고 아무 말도 귀띔하지 않았던 것에도 원망하게 되었다.

그 아이를 끝내 먼 학교로 전학보내고 나서 그 다음부터 새로 맡게 되는 아이들에게는 무조건 자기 물건에 철저하게 이름쓰기와 교실 문단속 철저히 하기 등 좀 더 신경을 쓰게 되었다.

늘 마음 속에는 그 아이의 부모님과 아이가 울면서 전학가던 모습이 생각나곤 하였다. 그 일을 계기로 도벽심리에 관한 책을 많이 읽기도 하고 아동의 문제 심리학을 공부하였다. 도벽의 종류에 대하여 알아보고 도벽의 다양한 원인 등을 공부하며 아이들의 발달과 심리적인 면에 더욱 관심을 가지게 되었다.

그리고 여러 번의 여름방학과 겨울방학을 거치면서 어느덧 나도 이제는 초보교사의 티를 지우고 경력이 조금씩 쌓이며 교단에서 생활지도의 자신감과 함께 아이들을 다루는 약간의 능숙한 방법도 배우며 조금씩 자리를 잡아가고 있었다. 그러다가 친한 선배교사의 중매로 결혼을 하고 신혼생활을 지내고 있던 교사시절에 한동안 잊고 지내던 도벽사건이 우리 반에서 또다시 발생하였다. 아이들의 물건 중 없어지는 것은 학용품도 있었고 아이들의 지갑도 있었다.

 그 당시에도 어떤 교사들은 아이들을 집에 안 보내고 모두 남겨서 가방검사를 철저히 하며 다 뒤지고 찾던 시절이었다. 그러나 그렇게 할수록 아이들 모두에게 수치심만 조장할 뿐 근본 해결책은 안 된다고 생각하였다.

 젊은 초보교사 시절 어떤 한 아이가 강제 전학 간 나만의 비밀 사연이 있었기 때문에 이번만큼은 나 스스로 잘 해결해보고 싶었다. 게다가 도벽사건의 경우는 빨리 잠잠하게 해놓지 않으면 학급에서 바늘도둑이 소도둑 된다는 속담처럼 분위기가 살벌해지고 아이들끼리 신뢰가 무너지며 우리 반에 도둑이 살고 있다는 불쾌한 불신의 감정으로 살게 된다.

 그래서 의심가는 아이의 전 담임을 찾아갔다. 다행히 새학기를 시작하고 한 달 정도 흘렀기 때문에 빨리 손을 써서 분위기를 잘 잡아보고 싶었다. 전 담임은 도벽의 과거가 있던 아이들에 대하여 진작 말을 안 해주어서 너무 너무 미안하다고 말하였다. 작년에 자기 반에서도 심심하면 툭하고 그런 사건이 있었다고 한다. 전 담임도 너무 속상하여 해결도 못하고 끙끙 앓다가 여러 가지 추측과 소문에 의하여 학년이 끝나갈 무렵 김상태(가명)라는 아이가 맞다고 확신이 들었지만 해결을 못한 채로 새학년으로 올라가게 되었다고 한다.

 나한테 말하기를 그 아이의 문제를 나보고 꼭 해결해 보라고 하였다. 그 아이의 가정사도 평범하진 않을 거라고 하였다. 차라리 학습이 부진한 아이의 경우는 문제를 해결하기가 오히려 쉬운 문제이다.

그러나 도벽 습관의 경우는 훔치는 일 자체가 아슬아슬할 뿐만 아니라 그 일을 감쪽같이 성공시켰을 때의 기쁨은 이루 말할 수가 없다고 한다. 게다가 선생님이 바보같이 아무 것도 모르고 있을 때 본인은 더욱 짜릿한 쾌감을 느끼며 점점 절도광으로 변할 수가 있다. 그러나 도벽이란 너무나 복잡한 여러 가지 요인으로 인한 심리적인 문제라서 작년 담임이 지목해 준 그 아이를 유심히 관찰하며 나는 그 아이와 일거수 일투족을 지켜보며 감시, 관찰하기로 하였다.

일단 우리 반의 물건 없어지는 사건이 생기지 않기 위하여 우리 반만의 규칙을 만들었다. 모든 물건에는 반드시 이름을 크게 쓴다. 예를 들면 자질구레한 풀뚜껑 조차도…! 그리고 학교에 가지고 오는 물건은 없어져도 아깝지 않을 절대 값나가지 않는 물건으로 한다. 지갑의 경우 그당시 200원까지 잃어버리는 것은 자기 책임이고 300원 이상 되는 것은 무조건 선생님께 맡겨야 한다. 우리 학급의 교실이 비게 될 경우 마지막으로 열쇠를 잠그고 가는 사람과 처음 교실문을 여는 사람의 명단을 학급일지에 적어놓는다. 등등 여러 가지 내용을 세세하게 규칙을 만들어서 사고를 미연에 방지한 다음 김상태의 가정조사 내용을 자세히 알아보았다.

그 당시 그 아이가 6학년이었는데 4학년 때 상태 엄마가 갑작스런 병으로 돌아가셨다고 한다. 일년도 안 되어 김상태의 아버지가 재혼을 빨리 하였는데 아주 젊은 여자였다. 자기 친어머니를 떠나보낸 충격과 슬픔이 채 가시기도 전에 새어머니를 맞이하게 되었고, 또 얼마 후 새어머니는 아기를 낳았다. 김상태는 자기 혼자 귀여움만 받고 자라다가 새 아기 남동생이 생긴 이후에 모든 것을 빼앗긴 듯한 불안한 심리 상태가 되었다. 아이의 가정사를 알아보고 나니 측은지심이 생기고 아이의 심리적 상황이 이해가 되었다.

  그날도 요즘처럼 교정에는 벚꽃이 흐드러지게 피어 있었다. 나는 김상태를 불러서 점심 먹고 학교 벤치에서 이야기 좀 하자고 하였다. 우리는 벚꽃 그늘 아래에서 만났다. 학교에서는 그 남자 아이가 제일 큰 6학년 학생이라고 해도 아직은 한참 어린 초등학생이다. 김상태에게 가정 이야기를 조심스럽게 꺼내며 상태가 힘든 일이 있다면 선생님이 언제나 도울 수 있는데 까지 돕겠다고 말하였다. 그리고 그동안 일어났던 일들과 어려웠던 점들을 다 말하며 앞으로는 잘해보자고 하였다. 그런데 아이가 어찌나 자존심이 강한지 처음에는 절대 입을 열지 않았다.

  그동안 잘못한 것들을 용서하니까 학업에 전념하고 선생님과 친해지자고 말하였다. 그런데 한참 이야기를 다 들은 후에 아이가 나를 노려보더니 나에게 대드는 것이었다. 자기는 잘못한 일도 없으며 작년 담임과 내가 짜고 자기를 계속 의심하며 나쁜 아이로 취급했다고 하며 소리를 지르며 대드는 것이었다. 그러면서 선생님도 싫고, 아빠도 싫고, 새엄마도 싫고, 아가동생도 다 밉다고 하면서 울면서 그 자리를 박차고 나갔다.

　벚꽃은 바람에 흩날리어 꽃비가 되어 내리는데 내 마음도 너무나 허무해져서 벚꽃의 분홍 꽃비가 떨어지는 것만 멍하니 바라보았다. 그래도 아이의 마음이 상처가 많은 탓에 그러려니 하고 실망하지 않았다. 그 아이에게는 늘 친절하게 다가가려고 노력하였고 좀 더 잘해주려고 항상 애를 썼다. 도벽사건은 그 이후에 생기지 않아서 정말 다행이었지만 아이는 6학년을 졸업하는 날까지도 내가 그 아이를 신경쓰고 다른 아이들보다도 더 잘해주는 마음도 몰라주며 나에게 조금도 마음문을 안 열어주고 늘 차가운 말투로 대하다가 결국 졸업하였다.

　그리고 또 다시 4년이 흘렀다. 벚꽃이 피고 지며 계절의 여왕인 5월이 다가왔다. 스승의 날 아침에 간단한 기념식을 하고 수업을 마친 오후에 교실에서 퇴근 준비를 하고 있었다. 교실 앞문에 키가 크고 콧수염이 슬쩍 보이는 어느 고등학교 1학년 남학생이 교실로 들어섰다. 너무 키가 커서 내가 한참을 올려다보며 "누구세요?" 존대말을 하게 되었다. 그순간 모자를 벗으며 "선생님! 저 상태에요. 오늘이 스승의 날이라서요…! 혹시 기억나세요? 제가 꼭 한번 만나고 싶었어요." 하더니 감사카드와 곱게 포장한 장미꽃 한 송이를 책상 위에 올려놓았다. 너무 반가와서 앉아서 이야기 좀 하자고 했는데 자기가 할말을 감사카드에 편지로 다 썼다고 하며 바빠서 가봐야 한다고 하였다.

　늦은 오후 시간에 아무도 없는 빈 교실에 혼자 남아 카드를 펼쳐보니 긴 글의 편지 내용과 함께 6학년 때 가장 기억에 남는 고마운 선생님이라고 적혀있었다. 자기가 그동안 잘못한 행동들을 반성하게 된 계기, 가족과 친해진 내용, 그리고 선생님의 용서가 가장 잊을 수 없다고 씌여 있었다.

　우리 교사들은 무의식 중에 아이들이 잘못한 행동이 있으면 그 즉시 야단을 치거나 바로 잡으려 하고 빨리 반성을 요구하기도 한다. 그러나 가장 힘든 용서라는 덕목을 서로 공유한다면 훗날 더욱 바람직한 방향의 인생나침반이 되기도 한다는 것을 느꼈다. 김상태가 늠름한 고등학생이 되어 스승의 날에 나에게 건네준 그날의 어여쁜 장미 한 송이는 내가 지금껏 받아 본 선물 중 가장 아름다운 감동의 선물이었다.

아홉.
최고의 선물

올해도 어김없이 아름답게 물들어가는 가을이 다가왔다. 아이들 수업을 모두 마치고 하교시킨 후 텅빈 교실에서 창가의 교정을 내려다 보니 울긋불긋한 단풍과 노오란 은행잎이 오늘따라 더욱 고와 보였다. 아마도 나의 남은 학교생활이 시한부 교직시간처럼 다가와서 그런지도 모른다. 그동안 수많은 단풍들던 시간들이 학교생활 속에서 어떻게 지나갔는지 모르겠다.

예전에 햇병아리 교사시절에는 연륜이 많고 경력이 많은 선배님들이 너무나 부러워서 늘 궁금한 것은 계속 질문을 하고 어깨너머로 선배교사들의 노련한 지도법을 배우고 싶었다. 그리고 어떻게 그리 오랜 세월을 아이들과 지내고 견디었는지 존경스러울 따름이었다. 그러나 세월이 흘러 막상 내가 그때의 그 나이가 되어 보니 사람을 다루고 사람을 만나는 직업이 빵 공장에서 빵을 똑같이 만들 듯이 그렇게 되는 것이 아니고 해마다 교사라는 독특한 직업의 대가를 치루어야 하며 항상 힘들고 어려움이 뒤따른다는 것을 깨달았다.

나는 어린 아이들이 입학할 때 고사리 같은 손을 붙잡고 한글을 애써 가르치며 그 아이들이 성장하여 졸업식을 치르다 보면 보람을 느끼게 되었다. 그 아이들이 기특하기도 하고 대견스러웠지만 최근의 교육현장은 알게 모르게 나날이 힘들어지기만 하였다. 어떤 때는 그들과 붙잡은 끈을 미련없이 놓아버리고 자유롭게 인생 이모작을 시작하고 싶은 유혹도 꽤 있었다. 그래도 나를 사랑하는 사람들이 나를 위로하며 내가 교육현장에서 끝까지 유종의 미를 보여주는 것이 좋다고 격려를 많이 해주었다. 비록 승진에 미련없이 욕심을 내려놓은 평교사지만 나는 그들의 응원에 힘입어 요즈음 정년을 얼마 안 남기고 하루 하루 즐겁게 살아가려고 노력하고 있었다.

그런데 중간에 교직을 그만두지 않고 끝까지 잘 지내기로 결정한 것이 올해 최고의 선물처럼 기쁘게 다가온 일이 있었다. 찌는 듯이 무덥고 뙤약볕이 내려쪼이는 여름 방학의 어느 날이었다. 우연히 오래 전 옛날 제자의 전화를 한 통 받았다. 1989년 졸업생이라고 하였다. 올해는 2019년이니 6학년을 졸업하고 30주년이 되어서 친구들끼리 사은회(홈커밍데이)를 하기로 했다고 한다. 옛날 선생님들을 수소문하여 사은회 행사를 하기 위한 연락을 시도하고 있다고 하였다. 처음에는 오래 전 30년 전의 학생들이라 본인의 이름을 그쪽에서 말하여도 기억이 가물가물하였다. 그런데 연락처를 주고 받은 후 서로 카톡이 오고 가며 옛날 앨범 속 사진을 그쪽에서 보내오다보니 사라졌던 옛 기억들이 안개처럼 조금씩 피어오르기 시작하였다. 옛 사진들을 보니 그때서야 얼굴들이 조금씩 기억났고 특히 말썽꾸러기들은 당연히 더욱 또렷이 생각이 났다.

해마다 스승의 날에 느끼는 것이지만 그때도 평범하고 말을 잘 들었던 범생이 스타일 학생보다는 오히려 말썽꾸러기 스타일 학생들이 옛 선생님들을 그리워 하며 이상하게 더 많이 학교로 잘 찾아 오는 것을 보았다.

드디어 사은회 날짜가 잡히고 만날 날이 다가오자 나는 가슴이 두근거리며 조금 근심도 생기게 되었다. 그들이 좋아했던 내 젊은 날의 어여쁜 모습은 온데간데 없고 지금은 머리카락이 희어지고 주름살 많은 할머니같은 모습이기 때문이었다. 그냥 집안일이 갑자기 생겼다고 하고 불참을 할까 아니면 그냥 마지못해 참석을 할까 여러 번 고민하며 갈등하였는데 그 제자들은 유난히 성의있게 연락을 꾸준히 해주고 진심으로 만나고 싶다고 하였다. 사은회 만남의 장소는 옛날 가르치던 추억의 그 학교로 정하였다. 그리고 돈을 많이 쓰거나 과용하지 않고 소박하고 아름다운 모임을 가진 사은회로 치루고 싶다고 하였다.

나는 그들의 어린 시절을 알고 있고 그들은 나의 젊은 시절을 알고 있다. 누군가 서로의 젊은 날을 기억해 준다는 것은 참으로 아름다운 일이다.

가을 하늘의 빛깔이 유난히 푸르른 날 사은회 날이 시작되었다. 참석 인원이 많은 것은 아니었지만 나는 참석하길 잘했다고 생각하였다. 그들은 어느덧 40대 중반으로 불혹의 나이를 훌쩍 넘기고 있었다.

어떤 제자는 모습이 하나도 안 변하여 길거리에서 만나도 어릴 때 얼굴이 그대로 남아 있거나, 자세히 들여다 보면 어린 시절 모습이 흐릿한 흔적처럼 보이기도 하고 어떤 제자는 조금씩 현대의학의 힘을 빌린 것 같아 전혀 못 알아보는 경우도 있었다. 그들이 오히려 나의 늙은 모습을 못 알아볼까 무척 걱정하였는데 그래도 나의 모습을 기억하고 알아봐 주는 제자들이 있었다. 또한 그당시 동학년을 같이 하였던 동료 선생님들도 극적으로 연결되어 몇 분 오셔서 만날 수 있었으니 매우 반가웠다.

사람이 살아가다 보면 건강을 지키며 오래 오래 잘 살아야겠다는 느낌이 들 때가 아마도 이런 경우인가 보다. 그 제자들이 사은회 준비를 위하여 옛날 사진 및 비디오 영상을 최근 동영상 파일로 새롭게 편집하고 옛날 선생님들께 잘 보여드리려고 무척 애를 쓴 흔적이 보였다. 예전 빛바랜 사진들을 동영상으로 편집한 내용을 보며 너무나 고마웠다. 우리 교사들은 다들 감동이 되어 울컥하였고 제자들이 하나같이 잘 성장하여 사은회를 열어준 정성들이 무척 대견스러웠다.

사은회라는 뜻은 동창생들이 모여 스승의 은혜에 감사한다는 개념이고 미국에서는 워낙 땅의 넓이가 넓으므로 고등학교를 졸업하고 많이 흩어져 살기 때문에 졸업 후 30여년 만에 가족들과 함께 모교 방문을 하는 홈커밍데이로 알려져 왔다.
나 역시 지금까지 내가 중,고등학교 졸업 또는 대학교 등을 졸업하고 사은회 행사를 친구들과 직접 참석하고 가끔 치루어 보았다. 몇년 전 나의 대학 졸업 사은회에서는 내가 배운 지도 교수님 몇 분이 이미 돌아가셔서 안타까움을 느낀 적도 있었다.
그런데 세월이 흘러 이번에는 내가 제자들에게 받는 사은회에 참석하여 보니 그당시 같이 근무했던 나의 옛 동료들도 몇 분은 이미 이 세상에 안 계셨고, 내가 가르친 제자들 중에도 예기치 못한 사고나 암으로 이 세상을 떠나고, 어떤 제자는 우울증이나 신세 비관으로 자기 스스로 생을 마감한 경우도 있었다. 나보다 먼저 하늘여행을 떠나간 제자들을 나중에 하늘나라에서 만나면 나는 무슨 말을 해야 할까? 마음이 많이 착잡해진다.

우리는 살아가다 보면 이런 저런 시련과 고난을 맞이하기도 한다. 그러나 우리가 어려움이 다가올 때는 나중에 그것이 보자기가 되어 선물이나 축복으로 싸여져 있다는 것을 알지 못한다. 내가 한평생 지냈던 교직생활도 마찬가지이다. 시련과 고난이 다가올 때 절대 포기하거나 실망하지 말고 나중에 그 보자기를 열면 생각지도 못한 축복과 선물이 보자기에 몰래 담겨져 있을 수 있다는 것을 알아야 한다.

사은회가 끝나고 며칠이 지나니 제자들이 그당시 같이 찍었던 단체사진을 카톡으로 내게 보내왔다. 요즘은 참으로 좋은 세상이다. 이제 30여 년을 뛰어넘어 언제든지 제자들과 카톡이나 sns를 통하여 수시로 연락을 주고받을 수 있는 위치가 되었다.

나는 제자들에게 한 가지 제안을 하였다. 사은회 단체 사진 속 얼굴들을 보니 서로 우리가 같이 늙어가는 처지가 되었다고 말하였다. 그래서 그들에게 나를 친구로 삼아달라고 하였다. 그들은 그 이야기를 듣자마자 펄쩍 뛰며 우리는 사제지간인데 선생님을 감히 절대 친구로 여길 수 없다고 하였다.

나는 올해가 가기 전 그들이 나에게 최고의 사은회 선물을 주었으니 나도 선물을 주겠다고 하였다. 나를 꼰대처럼 생각하지 말고 오래도록 같이 늙어가며 서로 대화할 수 있는 인생친구로 대해 달라고 하였다. 내가 해줄 수 있는 것이 아무 것도 없는데 꼭 그런 선물을 해주고 싶다. 그리고 그들도 나의 제안을 선물로 받아 주었으면 좋겠다. 나이를 초월하고 앞으로 서로 소식을 주고 받으면서 소통하는 세상은 얼마나 아름다운가!

　우리는 서로 아름다운 말로 마음이 담긴 선물을 자주 하면서 우리 모두를 행복한 모습으로 살아가도록 만들어야 하겠다.

　나는 올해 최고의 선물로 다 큰 성인 제자들을 인생친구로 얻은 것이라 생각한다.

열. 우리반 싸움짱의 추억

어느 나른한 일요일 오후 텔레비전을 틀어보니 유명한 아이돌 가수 오디션 프로그램이 진행되고 있었다. 이 프로그램은 워낙 대중적으로 인기도 많은데다 매회 진행되는 치열한 경쟁을 보다 보면 어쩜 그렇게 어린 청소년 아이들이 대중음악에 대한 관심도 많고 재능도 많은지…! 정말 노래와 춤을 참으로 잘 춘다고 생각하며 재미있게 시청하다가 문득 십년 전의 우리반 아이돌 가수 같았던 5학년 한 여자아이가 떠 올랐다.

그 여자아이는 5학년 치고는 꽤 키도 크고 얼굴도 예쁜 편이었다. 공부도 뒤떨어지지 않고 성격도 밝아서 아이들과도 잘 어울렸다. 그해 5학년들은 선생님과 아이들도 관계가 좋고 재미있는 아이들도 많아서 더 기억에 남았지만, 나는 아이돌 가수같이 노래 잘하고 춤을 잘 추던 한 여자 아이 때문에 평생 잊지 못할 한 해가 되었다.

요즘처럼 늦가을 단풍이 절정에 이르고 학교 앞 산이 화려하게 울긋불긋 무늬꽃 옷을 입고 초겨울로 들어서는 어느 날이었다. 떠나가는 늦가을이 아쉬워 겨울이 오기 전 우리는 국어수업 중에 시를 공부하고 있었다. 교과서에 나오는 좋은 시를 감상하고 또 늦가을의 정취를 생각하며 조용히 자기만의 시를 쓰고 있었다. 이제 한두 달 정도를 남기고 그 해를 보내면 아이들은 6학년 갈 준비를 해야 했다. 나는 아이들이 시를 쓰고 꾸미는 동안 책상 사이를 걸어다니며 아이들의 정서가 담긴 시의 내용도 읽어보고 어울리는 그림도 같이 꾸미도록 지도하고 조언하였다. 그러던 중 그 여자아이가 유난히 눈에 띄었는데 머리카락을 귀 옆으로 많이 내린 것을 보았다. 처음에는 헤어스타일을 좀 바꾸었나보다...라고 생각했지만 얼굴을 너무 많이 가리도록 옆 머리카락을 내린게 좀 부자연스러워 보여서 슬쩍 가까이 다가가 자세히 보니 얼굴 피부색이 이상해 보였다. 아무리 보아도 그 얼굴은 누군가에게 심하게 맞은 얼굴이었다. 무엇에 맞거나 부딪쳐서 피부가 퍼렇게 된 얼굴 같았다. 얼굴 부분의 어떤 피부색은 푸르다 못하여 보랏빛까지 나는 색이었다. 나는 마음속으로 너무 놀랐다. '혹시 이 아이 집에 가정폭력이 있는 것은 아닐까? 아니면 아동학대를 당하고 있을까? 분명히 심하게 맞은 자국 같은데.... 음.... 언제 따로 조용히 아이를 불러서 내가 대화를 잘 해보아야겠구나....!'하고 생각하였다. 그 모습을 발견한 당일은 금방 물어보지 않고 2~3일 좀 더 지켜보고 말하려고 하였다. 그리고 2~3일이 어느새 쏜살같이 지나갔다.

 드디어 어느 날 방과 후 아이 얼굴을 잘 살피며 조심스럽게 물어보려고 마음을 먹었는데 그 아이 어머니한테 갑자기 전화가 걸려 왔다. 선생님을 찾아 뵙고 조용히 드리고 싶은 말씀이 있다고 하였다. 나는 그 아이와 면담을 하기로 한 것을 다음으로 미루고 방과 후 그 아이 어머니를 먼저 교실에서 만났다. 그때 교실에 들어오시는 어머님 얼굴 안색이 매우 좋지 않으셨다. 어머님은 신중한 모습으로 나에게 조심스럽게 말을 꺼내도 좋으냐고 물으셨다. 나도 머리속으로 온통 가정폭력이나 아동학대 문제를 깊이 생각하고 있었는데 마침 어머님이 먼저 말을 꺼내신다니 참 다행이라고 생각하였다.
 어떤 이야기가 하고 싶으신지 다 이야기 하시라고 하였다. 어머님께서는 나를 체벌을 심하게 하는 그런 나쁜 교사로 안 보았는데 너무 실망이 크고 속상하다고 하셨다. 나는 너무 놀라서 무슨 말씀인지 이해를 못하겠다고 하였다. 어머님께서는 며칠 전 가족들과 저녁을 먹다가 아이가 자꾸만 머리카락으로 귀를 가리고 얼굴을 가리고 해서 밥 먹을 때 머리를 똑바로 하라고 야단치다가 얼굴을 쳐다 보셨다고 한다 온통 얼굴이 멍 투성이었다고 한다. 어떻게 된거냐고 하였더니 아무 말도 안하고 방으로 들어갔다고 한다. 방문을 잠그고 나오지를 않았다고 한다. 계속 다그치고 물어보아도 그 아이는 절대 입을 열지 않았다고 한다. 어머니는 나름대로 며칠을 고민하고 부부가 밤잠을 안 자고 의논한 가운데 담임교사인 나에게 심하게 야단을 맞고 체벌을 받은 것이라는 생각이 들었다고 하였다. 그러면서 무슨 잘못을 그리 많이 하였기에 아이에게, 그것도 여자 아이에게 왜 심하게 얼굴을 때렸는지 알고 싶어 찾아왔다는 말을 하셨다. 그 아이에게 체벌을 가한 적도 없던 나는 부모님의 그런 황당한 의심되는 말을 들으니 너무 너무 속상하였다. 어떻게 그렇게 나를 심하게 오해하실 수 있는지 심히 불쾌하기도 하였지만 나 역시 그 부모를 아동학대나 가정폭력을 행사하는 부모로 의심하고 오해하기는 마찬가지 입장이었다.

나는 너무나 어이가 없고 기가 막힐 지경이었다. 나는 그 아이가 집에서 학대를 당하거나 가정폭력을 경험하였다고 생각하였는데 어머니랑 대화를 서로 조심스럽게 해 본 결과 우리는 너무나 엉뚱한 생각으로 아이에게 일어난 일을 잘못 알고 있었다는 결과를 알았다. 그리고 부모님과 나는 서로 미안해하며 오해를 풀고 아이를 위한 교육방법을 의논하기로 하였다.

그 일이 있은 후 아이를 얼른 불러서 부모님과 선생님 앞에서 사실대로 자초지종을 말하게 하였다. 아이는 끝까지 입을 다물고 오랜 시간 눈물만 흘릴 뿐이었다. 우리는 몇 시간 동안 아이에게 꾸중도 했다가 대화를 시도하였다가 또다시 잘 타이르면서 이야기를 들어본 결과 너무나 상상할 수도 없는 놀라운 일의 이야기를 아이에게 듣게 되었다.

그 당시 6학년 여자아이들 싸움짱들 여러 명이 5학년 교실을 며칠 동안 기웃거리며 5학년들에게 친하게 대해주고 자기들 말을 따르도록 종용하였다고 한다. 그리고 졸업이 얼마 안 남았으니 6학년 최고 싸움짱이 후계자를 뽑겠다 하면서 어느 날 D-day를 잡았다고 한다.

장소는 학교에서 멀지 않은 근처의 아파트 지하주차장이고 사람들이 잘 안다니는 한적한 시간을 골라서 다같이 모이게 했다는 것이다. 6학년의 대를 이을 5학년 후계자들 여러 명이 가운데 서 있고 그 주위를 원으로 빙 둘러 싸며 6학년 선배들이 지시를 강하게 내렸다고 한다. 5학년을 서로 싸우게 하여 가장 강한 자가 살아 남으면 그 아이는 금방 6학년으로 올라가니 학교의 최고 싸움짱으로 명한다는 거대한 행사였다고 한다. 5학년들끼리 서로 싸움을 붙여놓고 싸울 때 마지막 관문은 서로 뺨을 때린 다음 6학년들이 5학년들에게 차례대로 뺨을 때려서 가장 강하게 버티고 살아남는 자가 싸움짱이 되기로 하는 규칙이었다고 한다. 그 과정에서 우리반 아이가 끝까지 잘 참아내고 버티어서 6학년으로 올라가는 후계자가 되었다고 한다. 그리고 그 일에 대한 것을 혹시 발설할 시에는 응징과 강한 보복이 있을 것이라는 철저한 약속이 있었다고 한다.

나는 어머님과 그 이야기를 다 듣고 도저히 입이 다물어지지 않았다. 평소에 그렇게 밝고 활발하고 노래 잘하고 춤도 잘 추고 끼있고 재능이 많은 아이라고 생각하였는데....! 이런 일에 연루가 되다니 아무리 생각해도 이해할 수도 납득할 수도 없었다. 어머님은 너무 속상하여 하염없이 울기만 하였다. 아이를 위하여 다같이 해결할 방법을 모색하기로 하였고 교감선생님께 사정 이야기를 전달하였다.

지금으로 말하면 학교폭력 대책위원회 같은 조직이라고 볼 수 있다. 그 일을 해결하기 위하여 교장선생님과 교감선생님, 해당되는 담임교사들이 모여 대책회의를 하며 처리하기로 하였다. 그 당시 사건에 연루된 5학년 부모님과 6학년 부모님, 그리고 아이들과 담임교사들까지 모두 모여서 절대로 다음부터 폭력행사를 안 하고 철저하게 반성한다는 뉘우침의 각서를 받아내고 일을 잘 마무리 하였다. 6학년 아이들의 졸업사정회도 열었는데 6학년 아이들이 부모님과 함께 간곡히 용서를 빌어서 5학년 부모님들은 한번만 용서하기로 하고도 다시 그런 상황이 발생하면 법적인 절차를 받는다고 하였다. 그래서 6학년 아이들은 무사히 졸업을 하고 5학년 아이들과 화해를 한 후, 5학년 아이들은 6학년 생활을 무난히 할 수 있게 되었다.

지금 돌이켜 생각하면 그 당시 일을 잘 해결되게 된 가장 공이 큰 사람들은 그 아이들의 적극적인 아버님들이었다. 그때 교육에 관심많은 아버님들이 더욱 적극적으로 나서서 아이들의 미래에 다가올 앞일을 걱정하고 올바른 인성으로 키워보겠다는 신념을 가진 분들이 많았다고 생각한다.

  그 일 이후 십년이 지난 요즘에도 늘 학교 현장은 학교 폭력사태에 대하여 주시하고 있으며 교사들은 항상 세심한 관찰을 하고 자기 학급의 적절한 통제 능력을 가지고 있어야 한다.

  싸움짱으로 뽑혔던 우리 반 여자아이는 초등학교를 잘 끝내고 아버지의 출장 관계로 미국에 가게 되었다. 거기서 중.고등학교 시절을 지내던 어느 날 나에게 안부인사를 하는 한통의 전화를 받았다. 그동안 잘 커 준 것이 참 고맙기도 하고 무척 반가왔다. 이제는 아리따운 여학생으로 더욱 성숙한 면모를 갖추고 여러 방면으로 많이 향상 향상된 듯한 느낌이 수화기 너머 말소리의 향기로 전해지는 듯하였다. 외국생활도 잘 적응하고 열심히 공부하며 잘 살아가고 있다는 그 아이는 여전히 아이돌 가수 B를 좋아하고 지금도 왕팬이라 한다.

  나는 일요일 오후 아이돌 가수 오디션 프로그램을 꼭 챙겨보면서 가수 B를 닮은 그 아이의 예전 모습을 가끔 그리워하게 되었다. 그리고 교육 현장에서 어떤 어려운 일이 일어날 때는 당황하지 말고 용기를 갖고 교사와 아이, 그리고 부모님이 트라이앵글처럼 세 박자의 구성을 맞추고 노력해 나간다면 좋은 결과가 있을 수 있다는 믿음을 가지게 되었다.

  그래서 교육은 세 박자가 맞아야 한다. 인생은 네 박자라는 노래가 있지만 교육은 세 박자이다. 교사, 부모, 아이....!

열하나. 파랑새의 꿈

그렇게 무덥던 여름이 어느덧 저만치 물러가고 이제는 제법 아침 저녁으로 넘나드는 선선한 바람을 느끼며 가을의 정취를 느끼는 계절이 되었다. 사계절 중의 가을은 유난히 하늘이 아름답다고 생각한다. 그렇게 아름다운 가을 하늘을 보고 있으면 우리는 암담한 절망보다는 푸른 희망을 느끼게 된다.

파아란 가을 하늘이 보이는 이맘 때가 되면 늘 생각나는 아이가 있다. 내가 그 아이를 담임하면서 처음 만났을 때는 굉장히 거칠고 다루기 어려웠다. 남들이 다 알아주는 유명한 싸움의 왕이었고 행동과 말투가 너무 부정적이고 반항심이 많아 교사들도 다루기 어려워하던 학생이었다.

새학년 첫날부터 그 아이의 눈에 뜨인 행동은 특히 지각을 많이 한다는 것이었다. 등교시간을 지나 약간만 늦는게 아니라 한

참 늦은 오전 10시 경에 들어오는 것이었다. 학교에 제 시간에 도착하지 않아서 집에 전화를 해보면 전화를 잘 안 받는다거나 통화하기가 힘들었다. 결국 수업하다가 교실에서 기다리다 보면 오전 10시 경에 무표정한 얼굴로 문을 열고 들어오는 것이었다. 왜 늦었냐고 물어보아도 침묵으로 일관하고 고개를 들지 않았다. 지각을 자주 하여 아이가 늦게 교실에 들어설 때는 무척 초췌해진 모습이었다. 그 아이를 학기 초에 따로 남기고 대화를 하기 위해 자초지종을 물어보면 입을 굳게 다문 채 자존심이 상한 표정으로 일체 묵묵부답이었다. 그러다가 교실 내에서 친구들과 사소한 시비가 붙으면 한바탕 싸움이 일어나고 항상 소란스럽게 충돌이 일어나고는 하였다.

새학년 첫학기부터 아이에 대한 지각없애기 프로젝트를 신경 써서 시작해야겠다고 마음먹고 학교생활기록부를 찾아보았다. 아이의 기록물을 꼼꼼히 읽은 다음 작년 담임에게 전화를 걸어 아는 범위내까지 도움될 만한 이야기를 들어보기로 하였다. 그러나 내가 생각하고 원하던 만큼 속시원히 참고할 내용은 많이 없는 편이었다. 가정조사서에 나온대로 아버지와 어머니의 휴대폰으로 전화를 넣어 보았다. 아버지의 전화는 신호는 가지만 잘 받지 않는 편이었다. 어머니와 몇 차례 시도한 끝에 겨우 통화가 되었다. 개인면담을 위하여 만나고 싶다고 하였더니 여러 가지 형편상 만날 처지가 아니라고 하였다.

어머니와 통화하며 그 아이가 그렇게 된 이유를 알아본 즉, 어머니는 아이가 어릴 때 척추를 다쳐 하반신이 마비되었고 휠체어를 타게 된 장애인이라고 하였다. 그리고 아이가 학교 입학하자마자 부모가 이혼을 한 상태라서 아이의 학교생활 뒷바라지를 못해 준 부분을 너무 안타까워 하셨다. 물론 어머니로서도 몸이 너무 불편하여 학교에 단한번이라도 올 수 없는 입장이었다.

지금은 장애인 복지기관에서 작은 일을 하며 생활해 나간다고 하였다. 울음섞인 목소리의 어머니와 장시간 긴 통화를 하면서 새 학년 학기 초부터 마음이 착잡하였다. 아이가 1학년 때 부득이한 사정으로 어머니는 척추를 다치면서 가정불화가 심하여 이혼한 상태가 되었고 복지관에서 휠체어를 타고 일하며 지내게 된 어머니는 그때부터 아이와 전화통화를 하며 서로 안부를 물어보고 외로움을 달래곤 하였다. 아이가 고학년이 되면서는 방과 후에 어머니가 계신 복지관으로 찾아갈 정도가 되어서 가끔 어머니를 만나고 오기는 하였다. 집에서는 아이가 아빠와 단 둘이 살고 있었는데 아이아빠는 오랜 기간 무직 상태에 심각한 알코올중독이었다.

그리고 나는 전화로 기나긴 사연을 다 듣고서야 아이가 지각을 자주 하게 된 원인을 알게 되었다. 아이는 거의 매일 밤 아버지의 술주정 및 술시중을 들거나 술심부름을 하다보면 밤늦게 잠을 못 자고 새벽이나 되어야 잠든다고 하였다. 아마 아버지가 술에 취하여 곯아떨어질 때가 되면 아이가 그제서야 새벽에 곤한 잠에 빠져들게 되고 아침에 잘 못 일어난다는 것이었다. 마음이 너무 아팠다. 그리고 절망스러웠다. 내가 어디까지 그 아이에게 도움을 줄 수 있을까? 이생각 저생각 하며 고민을 해보았다. 그 상태에서 내가 뭘 어떻게 할 수 있을지 좋은 생각이 떠 오르지 않았다.

많은 시간을 생각한 후 우선 아이와 수업후에 교실에 남아서 단둘이 상담을 자주 해보았다. 아이의 자존심이 무척 강하고 눈을 마주치기 싫어하며 눈초리는 매서워 보였다. 내가 궁금해 하고 물어보는 질문에 속시원한 대답은 없었다. 말하기 싫어하는 얼굴로 고개를 숙인 채 그냥 입 다물고 가만히 있었다. 내가 좀더 이야기 하려고 시도하다가 아이에게 괜한 마음의 상처만 더욱 건드릴 것 같아서 일단 큰 무리가 없는 한 계속 지켜보기로 하고 친구들과 싸우거나 다툼은 자제하자고 부탁하고 약속하였다. 그리고 아버지께 선생님이 너무나 뵙고 싶다고 간곡히 전해 달라고 하였다. 그러면서 나도 그 아이를 포기 안하고 인내심을 기르며 다가갔다. 아이와의 마음 거리가 조금씩 좁아지는 듯한 느낌이 오기 시작했다.

시간이 흘러 어느덧 날씨가 좋아지면서 우리는 시립미술관에 현장학습을 갔다. 아이들과 현장학습을 유익하게 보내고 근처 공원에서 점심을 먹은 후 그다음 덕수궁으로 향하였다. 덕수궁의 역사를 돌아보며 석조전 앞에서 단체로 기념사진도 찍고 아이들과 즐거운 시간을 만끽하고 집으로 돌아가려고 하는데, 그 아이는 바로 내 앞에서 걸어가고 있었다.

그런데 덕수궁에는 비둘기가 많이 살고 있다. 사람들이 먹다 버린 과자부스러기도 잘 주워 먹고 사람들 옆에 기웃거린다. 그 아이는 자기가 걸어갈 때 자기 앞에서 비둘기가 구구구 거리며 가는게 매우 귀찮고 성가셨나보다. 갑자기 발길로 그 비둘기를 확 걷어차는 것이었다. 나는 그 모습을 보고 너무 깜짝 놀랐다. 덩치도 우리 반에서 제일 큰 아이였다. 다행히 비둘기가 그 발길질에 많이 맞지는 않고 크게 다치진 않은 것 같았지만 비둘기 역시 너무 깜짝 놀라서 급하게 푸드덕 날아올랐다. 그날 짜증을 내며 험한 발길로 비둘기를 걷어차던 아이의 모습은 집에 돌아와서도 계속 잊혀지지를 않았다.

어머니와 수시로 통화하며 학교의 생활을 알려주고 아이와 개인적으로 이야기를 자주 나누었다. 아버지의 술 시중을 들더라도 가능한 알람을 꼭 맞추고 잠들도록 하였다. 무슨 일이 있어도 꼭 일어나서 최대한 학교에 지각하지 않게 노력은 하자고 다짐하였다. 그리고 아버지께 내가 뵙고 싶다고 문자를 계속 보내고 전화통화를 시도하였다.

그러던 어느 날, 아버지에게서 뜻밖에 전화 한 통이 걸려왔다. 너무나 절호의 찬스라 여겨졌다. 자초지종을 이야기 하며 꼭 한 번 뵙고 아이 문제로 상담하고 말씀드리고 싶다고 하였다. 아버지와 여러 번 통화하기를 시도한 끝에 드디어 약속날짜와 시간을 잡게 된 것이었다. 학교에 오신 아버지 모습을 보니 머리카락이 좀 흐트러지긴 하였으나 그래도 여자 담임선생님을 만나러 온다고 생각해서인지 장롱에서 그동안 안 입었던 허름한 양복을 입고 온 듯하였다. 비록 다림질 못한 구김살 있는 양복이었지만 내 마음의 구김살은 조금씩 다림질하며 펴지는 희망의 신호였다. 아버지께 간곡하게 간청을 드렸다. 내가 태어나서 누구한테 애원하듯이 부탁을 드린 것은 그때가 처음인 듯 싶다. 아이는 너무나 잠재된 재능이 많고 조금만 신경 써 주시면 공부도 잘 할 것이니 관심갖고 꼭 도와달라고 하였다. 그리고 조심스럽게 학교수업에는 지장없게 9시 이전에는 도착하도록 신경써 달라고 하였다. 아버지의 알코올 중독된 문제를 내가 개입하여 치료하고 치유할 수는 없지만, 아이의 가능성을 보고 제발 조금만이라도 도와달라고 부탁드렸다. 아이아빠의 몸에 배어 있는 술냄새가 내 마음 속에서는 술술 일이 잘 풀리는 향기로 바뀌는 기적이 일어나기를 간절히 바라고 있었다.

피는 물보다 진하다. 어느 아비치고 자식이 잘못되기를 바랄까? 비록 여러 가지 일로 인하여 가정의 말 못할 어려움이 생겼고 세월을 낭비하며 자포자기 심정으로 아버지도 폐인같이 힘든 시간을 거쳤을 것이다. 나에게 완벽한 약속은 못드려도 노력은 하겠다고 말씀하셨다.

그리고 나서 수시로 아버지께 문자를 드렸다. 예를 들면 준비물 도와주세요, 숙제도 한번 봐주세요, 오늘은 친구와 안싸웠어요, 집에서 저녁밥을 잘 먹여주세요, 내일은 학교행사가 있으니 아침 등교에 조금 신경 써주세요… 등 등, 사소한 것까지 시시콜콜 문자를 드리고 아버지가 이해를 못하는 것 같으면 아무 때라도 좋으니 한 밤중이라도 통화하시라고 하였다. 그렇게 시작된 문자와 대화는 행운의 여신으로 달려가는 것 같았다. 나는 시작이 반이라는 이야기를 믿는다.

처음에는 내가 보내는 문자에 묵묵부답이던 아버지께서 시간이 점차 흐르자 마음문을 서서히 여시며 문자에 대한 답변이 들어오기 시작하였다. 처음엔 '네'라고. 그 다음엔 '알겠습니다'라고. 그리고 몇 달이 흘러서는 '감사합니다' 라는 답변의 문자가 도착하였다. 사실 아무도 없는 빈 공간에서 그 아버지와 단둘이 면담을 오래 하였을 때 혹시 무슨 일이라도 생길까봐 내 옆반 남자 선생님께서는 많이 걱정하셨다고 한다. 지성이면 감천이라는 말처럼 아버지께서도 조금씩 아이에 대하여 신경을 쓰시고 노력을 하는 기미가 보이더니 아이의 성적이 점점 더 올라가기 시작하였다. 아이 교육에 대한 아버지의 관심과 사랑이 시작되자 드디어 아이의 얼굴에 기쁜 표정과 활기가 생기면서 학교생활을 열심히 하며 친구들과도 다툼이 줄어들었다. 그래서 전교의 쌈닭, 쌈짱이라는 별명이 무색하게 되었다.

어느 날 요즘처럼 파아란 가을 하늘 아래 학교 운동장에서 가을운동회가 열리게 되었다. 아이는 운동신경도 좋아서 운동도 잘

하였다. 어머니께 전화를 드려서 아이가 운동회에서 열심히 뛰는 모습을 보았으면 좋겠다고 조심스레 말하였다. 사회복지관에서 조금이라도 도움을 주시기를 간청드리고 어머니가 아이의 초등학교 시절 단 한번이라도 아들의 학교에서 생활하는 모습을 보게끔 갈망하였다. 드디어 일이 잘 성사되었다.

　가을운동회 날이 다가왔다. 아이어머니의 연락전화를 받고 학교의 큰 느티나무 아래로 나가보았다. 어머니는 복지관 관장님과 함께 휠체어타고 몰래 먼 발치에서 아이가 선수로 열심히 뛰는 모습을 흐뭇해하며 바라보고 계셨다. 어머님과 나는 첫인사를 하며 서로 끌어 안고 그동안의 감회가 북받쳐 올라 붉은 눈시울을 훔쳤다. 그후 아이는 친구들에게 많은 인정을 받으며 그다음 새학기 회장으로 당당하게 선출되었다.

　나는 해마다 파아란 가을 하늘을 보면 그날 그 아이가 열심히 운동장을 가로지르며 뛰던 운동회날이 생각난다. 그리고 옛날부터 길조로 불려 온 파랑새를 떠올려 본다. 수많은 아이들을 가르치고 인연을 맺고 살아왔지만 그 아이처럼 눈물짓고 가슴 아파하다가 희망에 벅찬 느낌을 받은 때는 없었다.

　6학년을 졸업하고 스승의 날에 중학생이 되어 찾아온 그 아이가 내게 건네 준 단 한 송이의 장미꽃은 심수봉씨의 유명한 노래 '백만 송이 장미'보다도 더욱 아름다웠다고 말하고 싶다. 그 아이는 지금도 아름다운 파랑새의 꿈을 꾸며 용기를 가지고 꿋꿋하게 살아가고 있을 것이다.

　　행복을 찾아 가는 파랑새처럼…….

(이 글은 〈전국교단수기〉 동상에 입상한 글입니다.)

열둘.
은사님의 추억

 나는 어릴 때부터 내 직업이 교사가 되리라고는 꿈도 꾸지 않았었다. 나는 어린 시절부터 병원 의사들의 흰 가운에 매료되었고 간호사들의 따끔한 주사바늘을 잘 참는 아이라 항상 간호사들에게 칭찬 받았던 아이였다. 알코올 냄새로 진동하는 병원 약이 머리 아플 정도로 싫다는 사람도 있지만 나는 유난히 의사 가정의 친한 친구들이 많은 탓에 항상 그 친구들과 놀면서 병원 출입을 많이 하여서 그런지 병원을 드나드는 것이 많이 익숙하였고 나는 병원의 알코올 약냄새가 싫지 않았다. 내가 아플 때 내과와 외과, 치과, 안과 등 친구들의 병원에 가서 치료하면 더 잘 낫는 것 같았고, 나를 치료해 주시는 친구 부모님도 친절하게 대해주셨다. 그래서 나도 크면 의사가 되고 싶다고 마음먹었지만 사실 나중에 알고보니 나는 의약학 계열은 적성이 맞지 않았던 것 같다. 그래도 친구따라 강남간다고 고등학교 때 친한 친구랑 문과가 아닌 이과

계열을 선택하였다.

그러나 인생은 원래 내 계획대로 되는게 아니다. 나는 그당시 의약학 계열로 원서 접수를 못하자 인기있던 인문대학 영문과 원서를 썼다. 그런데 후두염이 너무 심해지고 몸이 아프자 본고사 시험도 제대로 못 칠 것 같았다. 그래서 다시 조금 커트라인이 낮은 사범대학 영어교육과로 바꾸었는데 옆에 계신 어떤 어머님께서 자기 딸이 교육과를 나왔는데 아이도 잘 키우고 학교에 취직하니 참 좋다고 말씀하셨다. 그 말이 뭔가에 홀린듯한 기분이었다. 운명은 그렇게 결정되는지 마지막으로 다시 원서를 교육학과로 수정하였다. 교육학과 내에서 교육전공은 윤리교사 자격증을 받고, 초등교육은 초등교사 자격증, 학령전 교육은 유치원교사 자격증을 받을 수 있었다. 교육학과 학생 수는 많고 과 사무실은 한 개라서 행정 업무를 보기에 비좁았다. 나중에는 각 전공이 분리되어 학과 명칭으로 바꾸게 되었다.

대학시절 4년 내내 그 분의 중요한 가르침을 받았던 것을 잊을 수가 없다. 특히 초등교육의 진정한 의미와 중요함을 많이 역설하셨다. 가정교육은 0세부터 3세까지의 엄마의 사랑을 잘 받았느냐가 중요하다고 말씀하셨고 인간은 초등교육을 어떻게 받았는지가 평생을 좌우한다고 하셨다. 그래서 우리가 졸업 후 초등교사로 살아간다면 어느 누구보다 사명감이 투철하고 아이들의 인격이 형성되는 어린 시기를 잘 가르쳐야 된다고 누누히 강조하셨다. 가끔 뉴스에서 웃기는 거짓말 정치쇼 등을 보게 되면 나도 모르게 그 사람의 초등교육이 형편 없었구나라고 생각을 하게 된다.

지난번 은사님과의 추억을 생각하며 요양원에 찾아갔다. 병원 로비에 무슨 유치원생들이 하는 포도송이 칠하기 학습지에 본인 이름을 써 놓은 작품이 걸려 있었다. 눈물이 핑 돌았다. 나라가 어렵던 시절 비행기가 없었으므로 본인이 미국에 유학을 가기 위해 배를 한 달씩 걸려 타고 가서 미국 땅에서 고생고생하며 아동교육에 관한 박사학위를 따고 금의환향했다고 하던 분이었다. 우리나라 여성 박사 3호라며 잘난 척도 하셨던 분이다. 김활란 박사의 명령으로 본인의 꿈을 실현하기 위해 미국식으로 사범대학 부속학교를 만드셨다. 그 분의 철학과 가치관의 전통은 그 학교가 70여년이 다 되었는데 지금도 계속 유지되고 있다.

어느 늦가을, 용인 요양원에 계시는 교수님을 만나 뵈었을 때만 해도 선생님께서 나를 알아보시고 반가워하시며 해맑게 웃으셨던 모습이 마지막 뵌 모습이었다. 내가 요양원을 찾아가서 만난 이후 3개월 있다가 돌아가셨다는 연락을 받았다. 2014년 어느 추운 세밑에 들려온 소식은 은사님의 갑작스런 부음이었다. 치매로 많은 사람을 알아보지 못하고 잊어버리시는데 내 얼굴을 기억하고 반가와서 안아주던 모습이 지금도 떠오른다.

항상 인사하러 선생님댁으로 찾아가면 건강을 유지해야 한다며 늘 따뜻한 생강차를 끓여주셨는데 일반 생강차가 아니었다. 선생님도 강의를 많이 하셔야 하고 우리들도 아이들 가르치는데 목의 관리를 잘해야 한다며 차를 많이 마시라고 하였다. 배와 계피, 꿀과 생강을 많이 넣고 끓여서 수시로 마시고 우리들에게도 많이 마시라고 권하였다. 그런데도 아직도 나는 그런 생강차는 안마시고 커피만 마시고 있다. 선생님 말을 여전히 안듣는 제자이다. 한평생 아동교육에 전념하시고 무섭고 엄격하지만 속마음은 늘 생강차처럼 따스하신 분이었다.

나는 지금도 나에게 교사라는 직업이 가장 훌륭하다고 늘 일깨워 주셨던 나의 스승님을 만난 것을 큰 축복으로 여긴다. 그래서 나의 잊을 수 없는 은사님이 추억을 떠올리고 훌륭하신 가르침을 기억하며 오늘날까지 아이들과 새봄의 따뜻한 햇살처럼 밝게 살아온 것 같다.

열셋.
세 박자의 힘

 올해처럼 학교폭력에 대한 뉴스가 연일 보도되고 어느 해보다도 학교폭력을 추방하려는 의지와 관심이 집중되었던 적이 없었던 것 같다. 학교와 교육계에서는 그 어느 때보다도 많은 노력을 기울이고, 각 학교마다 여러 대책을 마련하며 고심하는 사이에 어느덧 시간은 지나 또 한 해가 저물어 간다.

 예전에는 각 방송마다 학교가 붕괴되었다고 하며 아이들이 학교에서 수업 중에 잠자는 모습을 대대적으로 특집 보도하더니 예전에는 가장 유명한 모 개그 프로그램에서 OO붕괴라는 코너가 방영되어 계속 인기를 유지했던 적도 있다. 그 프로그램을 시청할 때마다 깔깔거리며 웃다가도 거기서 교사 역할을 맡은 이의 대사 중 "요즘 애들 왜 저래? 도대체 왜 저래~~?" 하며 내뱉는 대사는 폐부를 찌른다. 교사 역할을 맡은 이가 절규하는 표정과 비정상

적이고 다양한 특징으로 요즘 아이들의 세태를 풍자하는 모습을 보노라면 씁쓸하기까지 하다. 그만큼 우리 학교의 현실이 많이 버겁다는 것을 암시하는 것이다.

최근에는 어떤 한 가수의 OO스타일이라는 노래가 단 시간에 인기가 하늘을 찌르며 세계적으로 유명하게 되었다. 우리 교사들 역시 어느 유명한 가수의 OO스타일처럼 우리만이 가진 교사의 취향, 교사의 스타일이 있다. 교사의 각자 개개인은 나름대로의 자기 스타일이 있는데 은근히 나도 모르는 사이에 아이들에게 그 스타일을 강요하거나 주장하기도 하고 자기만의 스타일에서 쉽게 탈피하지 못하기도 한다.

교사들이 가지는 고정관념의 스타일 중에 성적이 우수하거나 교사의 말에 잘 순종하는 그런 아이들을 솔직히 더 편애하는 성향이 있다. 그래서 그런 교사의 스타일에 적응하지 못하는 아이들은 부적응아가 되기도 하며 학교에서, 가정에서 사회에서 조금씩 일탈의 과정을 거치며 조금씩 자기도 모르는 사이에 소용돌이 같은 미궁속으로 빨려 들어가게 된다. 이렇게 되다가 학교폭력이라는 늪에 빠져들 수도 있다.

학교폭력의 예방이라는 차원에서 볼 때 이 문제는 학교와 가정, 학생의 삼박자가 어우러져야 큰 사고를 미연에 방지하고 적극적으로 예방할 수 있다. 인생은 네 박자라는 트로트 유행가도 있지만 사실 아이들을 위한 교육은 엄연히 학교, 가정, 학생이라는 세 박자의 트라이앵글 구조이다.

특히 학교사회의 첫 경험을 하는 초등학교 시절은 인생의 첫 단추이며, 지식과 기술을 배우며 인격을 도야하는 중등교육은 인생을 디자인하는 시기이다. 그래서 사회에 진출하기 전의 초.중등교육은 매우 중요한 시기인 것이다. 그러므로 학교에서 교사와 아이들과의 관계는 아이들의 인격과 성장과정에서 가장 중요한 실마리를 제공하는 열쇠이며 매듭이라 생각한다.

그래서 교사가 가진 각자의 기준이나 가치관을 객관적으로 성찰하고 자기만의 교육 스타일로 지도할 때 학교폭력의 예방차원으로 충분히 접근할 수 있다고 여겨지므로 그에 따른 몇 가지 실천 사례들을 정리하여 본다.

첫째, 친구관계 속에서 사회의 축소판을 이해한다.
해마다 학급을 맡아보면 그 사회 속에 우리의 사회가 그대로 들어 있으며 곧 어른들의 자화상임을 알 수 있다. 신문이나 뉴스에서 나오는 온갖 사건들도 교실 안에서 성향만 다를 뿐이지 비슷한 사례는 교사가 모르는 사이에 나타날 수 있는 것이다. 즉 힘에 의한 지배, 편견, 차별, 무시, 충동, 무질서, 도전 등의 개념이 교실사회 속에 다 들어 있다. 그래서 친구 관계를 파악하고 교우 조사도를 수시로 체크하고 분석할 필요가 있다. 친구따라 강남간다는 말도 있듯이 아이들과 지내보면 그 말은 거의 맞게 된다. 유유상종이라는 말과 함께 친구 사귐의 교우도 분석을 자주 하면 학급사회의 윤곽을 거의 알 수 있다. 서로 부족한 점을 보완하는 관계 맺기나 짝 바꾸기의 다양한 방법, 모둠별 상황 등을 여러 방법으로 접근할 수 있는 프로그램 등을 이용하면 효과를 볼 수 있다고 생각한다.

둘째, 음악을 통한 치유의 교육을 한다.
노래를 사랑하고 좋은 음악을 듣는 것처럼 인간의 마음을 선하게 하는게 없다고 생각한다.
예전에 5,6학년 중에 공부 성적이 가장 낮고 집중력이 떨어지며 교내에서 말썽만 피우는 아이들을 상대로 동아리 계발활동 시간에 지속적으로 음악 감상을 하며 지도를 하고 대화를 나눈 적이 있었다. 한 학기가 지날 즈음에 아이들의 눈빛이 점점 선해지고 음악에 관심을 가지면서 공격성도 줄어들고 충동을 조절하는 양상을 보여 좋은 효과를 가진 경험이 있다. 음악 감상도 좋고 음악을 이용한 어떤 창의적인 활동도 좋다고 생각한다. 꼭 전문적인 음악 치료법이 아니어도 목소리나 악기를 통하여 사상 또는 감정을 나타내는 예술교육으로서 충분한 예방법이 되리라 본다.
셋째, '나는 소중하다' 라는 개념 형성을 심어준다.
대체적으로 학교폭력에 연루되는 아이들이 가해자이든 피해자이든 자존감의 형성과 관계가 깊다. 그래서 자기 자신이 지구상에서 전 우주를 통하여 얼마나 소중한 존재인지 체계적으로 교육을 시키고 지속적으로 소중한 나 자신을 발견하도록 긍정적인 마인드 형성을 하며 세뇌시킬 필요가 있다.

이에 대한 간단한 실천 사례를 들어보고자 한다.

매월마다 주제를 정하여 소중한 나의 개념을 확장해 나갔다. 3월은 소중한 나의 발견 / 4월은 소중한 나의 목표 수립과 계획 설정에 대한 실천/ 5월은 소중한 나의 주변에 있는 사람들 알기/ 6월은 소중한 나와 관계된 생명의 존엄성에 대한 내용 실천/ 7,8월은 소중한 나의 꿈 실천-작은 것부터 이루어가기/ 9월은 소중한 나와 자연을 연결해보기/ 10월은 소중한 나를 지키기 위한 습관의 정립과 실천/ 11월은 소중한 나의 감사할 것들 찾기/ 12월은 소중한 나를 열매 맺게 하는 것으로 실천을 해보았다. 그 외에도 나를 소중히 여기는 좋은 프로그램 등을 학교나 학급의 실정에 맞게 아이들의 발달단계에 맞추어 실시할 수 있다고 본다.

우리는 한치 앞을 내다 볼 수 없는 입장에 놓여 있다. 세계 곳곳에서 어느 순간 전쟁이 일어나기도 하고 자고 깨면 어떤 예측할 수 없는 사고가 일어나기도 한다. 그러나 학교폭력에 대한 사고만큼은 그것이 물리적이고 신체적인 폭력이든 정신적이고 처절한 언어폭력이든 자기 아이들을 사랑하고 포기하지 않고 도전하는 교사, 교육에 협조하는 학부모가 사라지지 않는 한 평화로운 아이들로 성장해 갈 것이다.

  우리는 솔직히 내일 일은 아무도 모른다. 우리는 약점이 있고 능력의 한계를 가진 인간이기에…… 그러나 하루 하루 성실한 자세로 살아가다 보면 아무리 모르는 내일에 대한 날이라도 학교폭력을 예방할 수 있으며 두렵지 않을 것이다.
  그런 마음가짐으로 교사, 부모, 아이들이 함께 이뤄지는 세 박자의 힘을 모아 학교를 바꿀 수 있다는 희망을 염원해본다. 세! 박! 자!

제3부
병실 창가에서

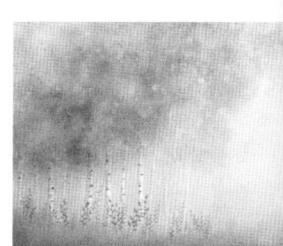

하나 - 503호 할머니들
둘 - 잊을 수 없는 수치심
셋 - 박수 받은 일
넷 - 병실에서 지낸 설날
다섯 - 간병사의 하루
여섯 - 의사와 교사
일곱 - 걷기의 축복
여덟 - 병원 옥상에 간 날
아홉 - 할머니 환자와 할아버지 환자
열 - 처음 겪는 일

하나.
503호 할머니들

　지난 겨울 어느날 갑자기 척추골절로 응급실에 실려갔다. 흉추부분 척추가 심하게 골절되어 절대 안정으로 꼼짝 말고 누워지내야 한단다. 그래서 가족들이 더욱 간병하기 힘드니 재활요양병원에서 몇 달을 입원하고 지내는게 좋겠다고 응급실 의사가 조언을 해주었다.

　다행히 집 근처 재활요양병원에 운좋게 병실 자리가 하나 남은게 있어서 들것에 실려 앰블런스를 타고 들어가니 6인실이었다. 갑자기 낯설은 병실에 들어가니 연령이 80대 후반이나 90대 초반 할머니들의 무표정한 얼굴들을 보고 나의 미래 모습이 보이는 것 같았다.

　그러나 이왕 병실에 들어와서 하루 이틀 있을 것도 아니고 몇 달은 지내야 하니 얼른 이 병실에서 적응해야겠다고 생각하였다. 몸도 아프고 통증도 극심하여 며칠동안 너무 속상했지만 마음까지 약해지고 무너지면 안된다는 생각이 들었고, 며칠동안 멍하니 진통제와 안정제를 먹고 잠만 억지로 자기도 하였다.

그당시 나의 몸은 절대 못 움직이고 옆으로 돌아눕지도 못하였다. 그러나 나의 의식이나 정신은 멀쩡하여 마음은 매우 우울하였다. 앞으로 꼼짝없이 누워서 천장만 바라보며 그 긴 시간들을 어떻게 지내야 하나 걱정도 많이 되었지만 할머니들하고 당분간 503호 병실에서 오래 지낼테니 마음을 비우기로 하였다. 그리고 같은 병실의 할머니들을 천천히 관찰해 보고 싶었다. 내 오른쪽 침대에 있는 할머니부터 시작하여 1번에서 5번 할머니로 마음 속에서 번호를 정하였다.

1번 할머니는 91세이다. 치매가 심하지는 않으나 생활이 굉장히 규칙적이고 고관절 문제로 못 걷기 때문에 하루종일 휠체어를 타고 계신다. 가장 놀랐던 것은 아침에 일어나자마자 이불과 본인의 침구를 각을 맞추어 정리하고 침대 위의 먼지를 효자손으로 쓸어내려 항상 새 침대처럼 만드신다.

2번 할머니는 뇌졸중 후유증으로 하반신만 모두 마비가 되셨다. 치매는 그나마 없으셔서 앉은 상태에서 간병사와 수다를 가끔 떨고 있는 편이다. 우리 병실에 있는 환자 중 먹을 것이 많고 풍부한 할머니로 할아버지께서 간식을 수시로 공급하시는 편이다. 그래서 그 할머니의 간식을 나도 얻어 먹은 적이 많다.

3번 할머니는 말씀이 거의 없고 너무 조용하다. 누워서 거의 거동 못하여 대소변을 간병사가 처리해준다. 의식은 있는 것 같으나 목소리 한번 내지 못한다. 얼굴은 소녀같이 곱고 가끔 의사 표현할 때는 모기만한 소리로 본인의 요구를 천천히 말씀하신다. 나랑 침대에서 마주 바라보고 있는데 눈이 마주치면 그냥 고개를 돌려 버린다. 밥만 먹으면 얼른 자고 그나마 자지 않을 때는 할머니 시선은 멍하니 허공만 바라볼 뿐이다. 그래도 간병사 말을 가장 잘 듣는 편이다.

4번 할머니는 가장 우울해보이고 마음이 아픈 환자이다. 503호 병실에서 가장 상태가 안 좋은 할머니다. 의식도 희미하고 전혀 못 움직이는 상태에서 간병사의 손이 많이 가는 편이다. 일일이 밥 한 숟가락씩 떠먹이고 대소변 처리는 물론 매일 할머니의 욕창 치료를 해주어야 한다. 말도 거의 못하시고 의식은 약간 남아 있으나 욕창도 많이 진행되어 욕창 치료를 매일 한다.
　4번 할머니를 보면 볼수록 인간의 존엄성이 무너지고 사람의 품위의 한계는 모두 땅에 떨어진 듯한 기분이 들었다.

5번 할머니는 중증 치매이고 우리 병실 중에서 유일하게 혼자 워커를 의지하며 걸을 수는 있으나 너무 얼굴에 어둠이 깊게 그늘지고 치매 증세 특유의 고집이 세어서 간병사의 말을 안들어 트러블이 많은 편이다. 나를 쳐다보며 젊은게 누워있고 못 움직여서 어쩌냐 불쌍하구나 쯧쯧 소리를 매일 한다. 그리고 툭하면 밥도 거부하고 누워서 이불을 뒤집어쓰고 자는 일이 허다하다.

　그래도 치매끼가 약하여 약간의 대화를 할 수 있는 할머니는 1번 할머니였고 5번 할머니는 너무 시크하고 치매끼가 중증이라 소통이 좀 힘들었다. 1번 할머니가 내 핸드폰으로 종이쪽지에 적힌 번호로 전화해달라고 부탁하였다. 아들 번호라고 하였다. 내가 전화연락을 하여 통화를 시켜드렸다. 통화가 끝난 후 자식이 보고 싶은지 울고 계셨다. 그리고 뱃속의 내복에서 접어두었던 3000원 지폐를 내게 주면서 전화 걸어준 통화값이라 하며 가끔 내 전화로 아들에게 연락하고 싶다 한다.
　나는 절대 못 받겠다 말하고 언제든지 아들과의 통화를 연결시켜 줄테니 사용하라고 하였다. 가끔 간병사의 핸드폰으로 걸었으나 눈치가 보인다고 하였다. 자식이 무엇인가…? 같이 살지도 못하고 쓸쓸하게 지내면서 전화로는 잘 지내고 있다고, 필요한 거 없다고 하면서 전화 끊고 보고 싶어서 우신다.

　503호 할머니들을 매일 관찰하며 나도 저렇게 할머니들처럼 나이들면 4번 할머니같이 비참하게 병상생활을 하고 싶지는 않았다. 나 역시 5번 할머니처럼 치매가 나에게도 불청객처럼 찾아 온다면 사람 피곤하게 오는지 고약하게 오는지 나도 예측못할 일이다. 내가 뇌졸중 후유증으로 오래 오래 누워 있어도 2번 할머니처럼 남편의 요리를 자주 받아먹을 수는 없을 것 같다는 생각을 해본다. 2번 할머니의 남편은 전직이 요리사였는지 궁금하다. 우거지탕, 육개장, 닭도리탕 등 별별 음식을 요리하여 지하철 타고 오셔서 원무과에 맡기고 가신다.

코로나가 극성을 심하게 부리니 병실생활을 하며 아무도 가족을 면회할 수가 없어서 더욱 외롭고 쓸쓸했지만 503호 할머니들과 점차 익숙해지면서 나도 그렇게 병실의 하루 하루가 지나갔다.

둘. 잊을 수 없는 수치심

이 세상을 지금까지 살아오면서 부끄러운 일도 있었고 창피한 순간도 있었지만 내가 병실에서 느낀 수치심은 최악이었다.

내가 겪은 수치심은 세 가지가 있었는데, 첫째는 병실 침대에 눕자마자 소변줄을 끼고 기저귀를 차던 일이다. 내가 아기로 완전히 돌아간 기분이지만 솔직히 아기만도 못한 처참한 기분이다. 속옷을 갈아 입히는 것도 창피한데 웬 대형 기저귀인가? 너무나 낯설었다. 병실 옷장에는 대형 기저귀 박스가 엄청 많았다. 더 창피한 이유가 있다. 왜냐하면 내 앞 침대에 누워있는 할머니들은 의식없이 거의 대소변을 해결 못하므로 알아서 간병사가 처리해주고 있지만 내 경우는 의식은 말짱한 채로 간병사가 소변을 비워줄 때, 기저귀를 갈아줄 때 너무 창피하였다. 화장실도 제대로 못가는 내 신세 한탄을 하였고, 내 옆 1번 할머니가 휠체어를 굴리며 열심히 화장실을 갈 때, 그 모습을 보고 엄청 부러워 하였다. 나는 언제 휠체어라도 타고 화장실가서 내 힘으로 내 볼일에 대하여 해결을 할 수 있을까 생각하였다. 더 부러운 것은 아침 일찍 일어나 5번 할머니가 워커를 천천히 밀며 화장실에 가는 것이었다.

두 번째 수치심은 관장할 때이다. 계속 누워서 밥을 먹은 관계로 장 운동이 잘 안되어 소화도 힘들고 변비가 심하게 되었다. 일주일이 지나도 너무 힘들게 되자 간병사가 나에게 좌약 두 알을 밀어 넣었다. 누워서 처리하는 납작한 변기통을 주며 시도하라고 했는데, 자세와 위치가 너무 힘들고 척추 통증 때문에 해결하기가 힘들었다.

결국 여러 간병사들이 나를 살살 안아서 휠체어에 조심스럽게 태운 다음 화장실로 데려갔다. 거기서 자변기에 앉히고 시도하라고 했는데 번번히 실패하였다. 나는 울먹거리며 힘든 고통을 호소하였다.

그래도 좋은 간병사를 만나 옆에서 같이 애써주고 위로하였다. 간병사는 비닐 장갑을 여러겹 끼고 변을 꺼내주려고 시도하였다. 그래도 번번히 실패하였다.

너무나 비참한 모습으로 다시 침대로 돌아왔다. 간호사가 둘이 와서 도와주며 관장을 하기로 하였다. 옆으로 몸을 살살 돌리고 난 다음 나의 가장 보여주기 싫은 치부를 드러내는 것이 기가 막힌 마음이었다.

그 와중에 한 간호사가 쌀쌀맞게 엉덩이를 찰싹! 때리더니 나에게 반말로 명령을 한다.

"힘 줘! 힘주라구! 그래야 나온다구!!"

내 딸년보다 어린 간호사가 반말하며 나를 다그친다. 좀더 힘을 주어야 잘 나온다고 계속 반복하며 말한다. 다른 간호사는 다행히 너무 긴장하지 말고 힘주세요! 라고 나에게 부드럽게 말한다. 나도 약오르고 지기 싫어서 대답한다.

"힘주고 있다고요!! 나도 힘들어요!!"

"알았다구요!!" 라고 대답하다가 눈물이 찔끔 나왔다. 모든 처치를 마무리하고 내 힘으로 화장실 처리한다는 것이 가장 시급한 문제임을 깨달았다.

세 번째 수치심은 어느날 간병사가 나를 목욕시키는 날이다. 간병사 두 명이 나를 들것에 살살 옮겨서 목욕침대에 눕혔다. 옷을 다 벗겨서 내 몸이 남한테 발가벗겨진 것도 속상하지만 손 하나 까딱 못하는 나는 아무 것도 할 수 없는 그 심정이 더 처참하였다. 그래도 간병사들이 목욕을 개운하게 잘 시켜주어서 기분은 나아졌지만 나는 살아있는 시체 같았다.

예전에 수치심을 다양하게 해결하는 책들이 서점에 나와 있었다. 거기서 기억나는 대목은 나를 사랑하는 법이라는 챕터였다.

특히 나 자신에게 글을 쓰는 것인데 따뜻한 마음을 지니고 내 자신에게 편지를 쓰듯이 하면 자기 연민을 연습하는데 도움이 된다는 것이다. 기억에 담아두었던 수치심의 장면을 떠올리고 애정을 가진 눈빛으로 나 자신에게 편지를 쓰는 것이다.

지금부터 나도 그 장면을 생각하며 편지쓰는 연습을 하기로 한다.

"너무 속상하고 힘들었지? 그러나 그 당시는 어쩔 수 없는 상황이었잖아.......!"

그 당시에 그렇게라도 안 했으면 너는 어쩔 수 없이 더 많은 괴로움과 고통을 느꼈을거야. 그런 상황에서 수치심을 따지면 안 되지. 시간이 흘러 돌아보며 수치는 커녕 감사한 일이 더 느껴지잖아.

목욕을 주기적으로 시켜준 간병사에게도 고마움을 느낀단다. 어른들을 목욕시키는 그런 작업도 만만치 않을텐데 목욕시키는 기술이 좋다는 것을 너도 많이 느꼈잖아. 특히 나를 담당한 간병사는 경험이 많아 노련하였던 것 같아. 말로 표현 안해도 머리도 시원하게 감기고 알아서 몸의 때도 적당히 신경써서 밀어주었으니 얼마나 감사하니?

간호사도 너무 직업적으로 딱딱하게 굴었지만 어쨌든 그 일을 성공하고 그 다음날부터는 섬유질 많은 음식을 먹고 약의 용량을 늘리며 큰 어려움이 없었잖아. 기저귀는 속옷보다 편리하고 해결하기가 요긴하니 어느 정도는 참아내야 하는거지. 게다가 소변줄도 방광에서 알아서 소변이 지나가니까 엄청 편리했다는 것을 지금 느끼고 있잖아. 따지고 보면 시간이 지나 너의 경험들을 친구들에게 들려주면서 얼마나 작은 일들이 고마웠는지 알게 해주잖아. 그리고 너가 잘못하여 일어난 일이 아님을 명심하자. 그런 일들의 경험으로 너는 아주 사소한 작은 일들도 고맙다고 매번 깨닫고 있잖아"

잊을 수 없는 인생 최악의 수치심이지만 내가 잘못을 저지르고 내가 많이 실수하여 일어난 일이 아니기 때문에 어쩔 수 없는 그 상황을 이해하는 것이 옳다고 생각한다.

셋. 박수 받은 일

 처음에는 천장만 쳐다보며 답답한 시계가 내 마음을 괴롭히고 있다고 생각하였는데, 어느덧 시간이 지나가니 옆으로 몸을 조금씩 움직일 수 있었다. 그래서 몸을 옆으로 돌리게 되었을 때 침대에서 내려오는 연습을 시도히었디. 그리고 가장 나의 소원으로 생각하던 화장실 다녀오기를 목표로 꾸준히 참고 기다렸다.

 어느날 나의 몸통에 딱 맞는 플라스틱 척추보조기를 찬 다음 침대에서 휠체어에 내려가는 법을 조금씩 익혔다. 일단 침대에서 몸을 통나무처럼 옆으로 굴려서 다리를 뒤로 빼고 발을 바닥에 붙인 다음 휠체어에 앉는 법을 배웠다. 그 과정이 누군가에게는 너무 단순한 동작같아도 나는 그때 옆으로 몸을 천천히 통나무처럼 굴려서 통증을 참고 옆으로 굴려 침대 아래로 내려오는 과정이 만만치 않은 작업이었다.

침대 난간을 잡으면서 휠체어에 앉으면 심한 통증이 따르지만 화장실 가는 것 만큼은 내 힘으로 해결해야 함을 뼈저리게 느꼈다. 화장실까지 도착하기 위하여 팔로 살살 움직여 화장실까지 가야 한다. 휠체어를 많이 타는 환자들은 팔의 근육을 키우는 힘도 상당하구나를 그때 알았다.

　화장실 문을 미는 작업, 화장실 문을 닫는 작업, 화장실 변기에 앉을 때 까지의 작업 등등 시간이 엄청 오래 걸린다. 작업이라는 표현보다 무슨 작전을 수행하는 일같다. 모든 움직임이 처음부터 수월하지 않았다. 벽에 달린 안전바를 천천히 지탱하면서 슬로우 비디오를 보는 듯한 동작의 움직임이다.
　볼일을 겨우 겨우 힘들게 완성한 첫날은 기뻐서 눈물이 나올 뻔하였다. 일을 다 끝내고 천천히 화장실문을 열고 나오는데 할머니들이 전부 나만 쳐다본다. 그리고 성공을 했냐고 물어보았다. 나는 그렇다고 하였더니 박수를 쳐주었다. 장족의 발전이라고 칭찬하더니 이구동성으로 외친 그 문장을 한동안 잊을 수 없다.
　"역시! 젊은게 달라!!"
　나는 축하해주셔서 고맙다고 말하면서 지금까지 젊은게 다르다고 엄지척하며 말해주었던 그 문장이 지금까지도 잊혀지지를 않는다.
　또한 시간이 계속 지나가면서 내가 가장 부러워하던 워커를 미는 날이 찾아왔다.

내가 503호 병실에서 유유히 워커를 밀고 다니는 5번 할머니를 얼마나 부러운 눈으로 매일 쳐다보았던가!

사실 휠체어 타고 겨우겨우 화장실 가는 일이 성공이 되어도 화장실만 힘들게 성공했지 양치질이나 세수는 모두 누워서 해야 했다. 간병사가 물수건을 주면 그것으로 얼굴을 닦고 양치질은 간병사가 작은 대야를 얼굴 옆에 대주면 누워서 옆으로 양치하고 입가심을 하는 것이다.

내가 진정 워커를 밀고 발 한걸음이라도 성공하려면 많은 세월이 아낌없이 지나가야 하는 것이다. 시간이 약이라는 말이 있듯이 석달 째 접어들자 조금씩 워커를 밀 수 있었다. 워커를 밀며 화장실 도전에 성공하고 병원 로비에 나와 살살 한바퀴 돌아보니 이번에는 간호사들이 박수를 쳤다.

그러더니 "역시 어머님은 다른 할머니들보다 나이가 젊어서 회복이 빠르시군요. 자리에서 일어나 워커밀고 걷는 거도 다 젊으셔서 그런거에요. 호호호~! 축하드려요~!" 하는 것이었다.

병실에서 젊은게 다르다는 말과 역시 젊어서 회복이 빠르다는 말을 여러 차례 듣고 보니 내가 가장 영계같은 느낌이었다. 실제로 나는 영계의 나이였다. 병실 입구마다 붙어 있는 환자들의 나이를 살펴보니 80대 중후반이 무척 많았고 90대 초반의 나이도 많았다.

역시 평균수명이 길어진다는 것이 실감이 났다. 아프면서 건강하지도 않은 채 오래 살면 무슨 의미가 있나 하는 생각이 들었다. 건강한 100세라면 몰라도 누워서 고통스럽게 아픈 100세는 너무 끔찍하다.

진정으로 내가 박수를 받으려면 화장실 성공하는 것이 아니라 앞으로 회복이 다된 다음 병실에서 나가면 꾸준히 운동하고 나 자신을 위하여 건강관리를 잘하며 오래 잘 사는 것이 진짜 박수라는 생각이 든다.

가끔 텔레비전이나 유튜브에 보면 100세가 다 되도록 취미생활도 잘하고 건강관리 잘하며 잘 살아가는 노인들의 모습을 본다. 그 분들에게 진짜 박수를 쳐 드리고 싶다.

젊은게 달라~! 하며 박수치며 들었던 그 말은 나의 디딤돌로 삼으며 건강에 계속 신경쓰며 나도 잘 살아가고 싶다.

넷.
병실에서 지낸 설날

세상 태어나서 처음으로 구정 명절을 병실에서 지내 보았다. 코로나 확진자 수가 가파르게 증가하고 있으므로 철저히 소독하고 전염이 없도록 병원도 많이 노력하는 모습이 보였다. 물론 코로나로 치음부디 가족 면회는 금지 되었고 명절이라도 만날 수 없었다.

가족들은 원무과에서 우리 병실로 전화를 하면 간병사가 내려가 환자들의 안부 상태를 들려주고 환자들 대신 인사를 하고 온다. 나의 가족도 언제나 음식이나 간식을 1층 원무과에서 간병사에게 전달하고 갔다.

그런 음식이나 간식들은 같은 병실에서 모두 같이 나누어 먹었다. 특히 가족말고도 내 친구나 지인들도 꾸준히 내가 사는 병실로 먹을 것을 택배로 보내주었다. 참으로 고마웠다.

설날 아침이 되자 나는 아침식사로 떡국이 나올 것으로 기대하였다. 그러나 떡국은 나오지 않았다. 그냥 평소에 먹던 음식이었다. 병원 영양사가 신경 써준 것 같지 않아 너무 섭섭하여 민원접수로 이의를 제기하고 싶은 심정이었다. 병원 측에서 환자들 식단이나 열량 관리를 하느라 그렇게 된 식단에는 다 이유가 있는 듯하였다.

가족과 친구들에게 설날인데 떡국도 못먹었다고 카톡을 하니 어떤 친구는 인스턴트 떡국도 잘 나오니 부쳐준다 하고, 어떤 친구는 병원 주소만 대면 배달의 민족으로 배달시켜 준다고 하였다. 내가 속상해 하는 것을 알고 친구들이 측은해 보였나보다. 특히 병실에서 감옥처럼 갇혀 지냈지만 항상 응원해주고 격려하며 기도해준 친구와 지인들, 가족들이 늘 고마웠다.

혼자 지내는 큰 명절인 설날을 외롭게 지내며 어린 시절의 생각을 많이 하였다. 부모님이 맛있게 차려주셨던 설날 음식들이 그리워지고 세뱃돈의 기쁨도 생각이 났다. 특히 내가 좋아하던 떡만두국, 식혜, 수정과와 녹두부침개 등이 더욱 먹고 싶었다.

그런 생각을 추억하며 곱씹고 있는데 인터넷에서 보니 요즘 엄마들은 설날 음식을 유명 한정식집에서 주문을 하고 택배로 주문하여 해결한다고 한다. 게다가 어떤 경우는 시골에서 시어머니가 싸준 명절 음식을 서울로 돌아오는 휴게소에서 쓰레기로 버린다는 이야기도 들었다.

　병실의 쓸쓸한 설날을 겪어 보았으니 내년 설날에는 집에서 제대로 음식을 해서 먹고 싶은 충동도 있었으나 몸의 골절 상태가 안 좋아 내년 설날도 기약하기 어렵다. 더구나 나는 어머니가 일찍 돌아가셔서 그 맛난 음식 솜씨를 전수받지 못한게 늘 한이 되기도 하였다.

　1층 원무과에서 연락이 왔는데 소녀같은 3번 할머니 딸이 간곡히 부탁하여 제발 엄마 얼굴 한번 보게 해달라고 하였다 한다. 그래서 병원 측이 허락을 해주었다. 간병사는 할머니에게 예쁜 겉옷을 입히고 얼굴도 좀 밝게 간병사 화장품으로 단장을 해주고 1층으로 내려갔는데 전혀 자기 딸 얼굴을 못 알아봐서 그 딸은 이야기도 변변히 못하고 울기만 하였다 한다. 그리고 집에서 직접 싸온 음식들을 간병사에게 전하며 병실 할머니들이랑 같이 먹으라고 보냈다.

　간병사가 안타까운 마음으로 1층에서 인사를 대신 해주고 3번 할머니를 모시고 올라와 음식을 풀어보니 김치전과 생선전, 둥그랑땡과 나물 등이 들어있었다. 오히려 3번 할머니는 딸과 이야기도 제대로 못하고 딸의 음식을 정작 잘 못드시고 우리만 저녁으로 3번 할머니의 명절 음식을 신나게 맛보았다.

그렇게 쓸쓸한 병실의 명절이 지나갔다. 아무리 몸이 아프고 힘들어도 명절만큼은 가족이 함께 지내는 것이 행복임을 알게 해준 날이었다.

다섯.
간병사의 하루

내가 있던 병실은 환자가 6명이었다. 간병사는 6명을 24시간 돌보는데 휴일이라도 본인 집에 전혀 못가고 오랜 시간을 병실에서 살고 있다. 나는 누워서 심심하니까 어느 날 간병사의 하루를 조금씩 눈여겨 보고 관찰하였다.

간병사는 새벽 5시에 깬다. 우리 병실 환자들도 그때가 기상시간이다. 그때부터 간호사가 들어와 불을 키고 혈압과 체온, 맥박 등을 체크한다. 나도 그때 되면 "아! 오늘도 병실의 하루가 시작되는구나!" 라고 생각한다.
간호사가 밤새 별일 없었냐고 물어보고 간병사는 상황을 이야기 한다. 사실 간병사는 밤새에도 잠을 깊이 자지 않는 것을 보았다. 중간 중간 깨어서 환자들의 요구를 들어줄 만큼 숙면을 못하는게 습관이 되어 있었다.

아침에 일어나 따스한 작은 물수건을 준비하여 간병사가 환자들에게 나누어주며 얼굴과 손을 닦으라고 한다. 우리는 간병사가 시키는대로 잘하는 편이다. 그런데 가장 괴로운 일은 간병사가 일어나자마자 환자들 몇명이 밤새 싸놓은 대소변 기저귀를 갈고 환기시키는 일이다. 환자들의 뒷처리를 다하고 부지런한 움직임이 능숙하다. 깨끗하게 속옷과 환자복을 갈아입힌 뒤에 6시쯤 로비에 나가 환자들 밥을 기다리고 챙겨온다. 6시 반에 환자들은 앉아서 병원 침대에 딸려 있는 식탁에서 식사를 하게 하고 본인도 밥을 먹는다.

내 경우는 몸이 일어나는 거동조차 되지 않고 힘들어서 나는 처음에 간병사가 먹여주었으나 내가 침대 각도를 약간만 세우고 나의 배 위에 식판을 올려 놓고 식사하겠다고 제안하여 그렇게 하였다.
남이 밥을 먹여주는게 내 성에 안차기도 하였고 내가 밥 먹는 행위가 많이 어색하여도 내 밥은 내가 직접 먹는게 편하였다. 그리고 간병사도 더 힘든 환자를 밥 먹이는데 나 하나라도 일을 덜어주면 편할 것 같았다.

간병사는 아침 식사한 식판을 치우고 환자들에게 물컵과 양치 도구를 가져와 양치를 시킨다. 몸을 못 움직이는 환자는 직접 간병사가 요령껏 해준다. 그리고 나서 물리치료사에게 물리치료를 해야 하는 환자를 치료실로 데려다 준다.

 치료 후에는 물리치료사가 병실로 데려다 주고 간병사는 그날 그날 목욕시켜야 할 환자에 따라 목욕을 시키거나 머리가 많이 자라 지저분한 할머니의 머리를 로비에 나가서 잘라준다.

 그러다 보면 어느덧 오전 시간이 지나가고 11시 반이나 12시 안에 점심식사를 챙긴다. 점심식사 후 냉장고에서 환자들이 가져온 과일이나 간식 등을 챙겨서 골고루 나누어 준다. 특히 5번 할머니는 가정에서 가족들이 많이 소홀했는지 석달 동안 그 할머니 간식을 얻어 먹은 적이 없다. 그래도 그냥 골고루 나누어 먹었다. 그리고 매일 간병사는 병실 바닥을 청소하고 환자들의 쓰레기를 비운다.

 점심시사가 끝난 이후 할머니늘은 잠을 많이 자는 편이다. 그때는 간병사도 잠깐 눈을 붙이고 낮잠을 잔다. 마치 우리가 젊은 시절 아기를 키우던 때가 떠올랐다. 아기가 잠을 잘 때 나도 잠깐 눈을 붙이는 것처럼……

 가끔 시간이 나면 아침이나 점심식사 후에 나랑 간병사는 믹스커피를 마시며 이야기를 하였다. 내가 몸은 못 움직였어도 정신은 가장 말짱하여 간병사와 대화하기 좋았다. 나보다 세 살 어리니 나한테 언니라고 부르며 친해졌다.

 커피는 내 동생과 내 친구들이 몇 박스나 병원으로 부쳐주어서 옆방 간병사들도 불러서 커피타임을 수시로 하였다. 모두 감사한 일들이었다.

저녁밥은 5시나 5시 반에 먹는데 나는 처음부터 내가 지내온 생활습관의 패턴이 아니라 무지 힘들었으나 시간이 흐르며 점차 적응하고 있었다. 간병사는 식사를 챙겨주고 환자들 약을 식사 때마다 먹게 한다. 수시로 욕창이 안 생기도록 돌보는 환자도 있고 욕창을 소독하려고 간호사가 들어오면 옆에서 돕기도 한다.

가끔 치매 심한 할머니가 고집부리고 욕설하여 충돌이 빚어지기도 한다. 그래도 이런 병원에 오래 생활해 보아서 그런지 슬기롭게 대처하는 편이다. 좋은 간병사를 만나는 것도 사실 환자에게는 정말 복이다.

저녁식사 후 8시가 되면 병실의 불을 끈다. 나는 이 시간이 매우 괴로웠다. 잠이 하나도 오지 않는다. 보통 다른 할머니들은 8시 반 안에 잠이 오는 것 같다. 나는 너무 적응이 안되어 이불 속에서 몰래 휴대폰 보고 문자 카톡을 하던지 이어폰으로 음악을 듣고 있었다. 병실 불을 소등하고 환자들이 어느 정도 자고 있으면 간병사가 바깥에 나가 30분 정도 운동을 하고 들어온다.

이렇게 간병사의 하루가 지나가고 있었다. 환자에 대한 애정이 어느 정도 있어야 간병사의 직업에 보람을 느끼며 할 수 있을 것 같다. 환자를 함부로 대하고 환자를 구타하는 못된 간병사의 이야기도 가끔 뉴스에 나왔는데 나는 좋은 간병사를 만나 병실에서 잘 지낸게 행운이라고 생각했다.

여섯.
의사와 교사

최근 병원생활을 많이 하고 병원 진료를 많이 받다보니 의사와 교사의 생활을 비교하게 되었다. 병원 진료를 가는 날은 아침부터 부지런을 떨고 준비하여 병원에 도착하면 진료실 앞에서 대기하여 기다린다. 기다림이 있은 후 막상 의사를 만나면 고작 3분 진료이다. 어떤 날은 3분 진료도 아니고 1분 진료 밖에 안되는 날도 있는 것 같다.

대부분 의사의 진료 매뉴얼은 비슷한 편이다.
"요즘은 어떠세요?"
"어디가 불편하신가요?"
"약 처방을 4주 드릴게요."
"검사 결과는 이렇게 나와서 이런 방법을 사용할게요."
"안녕히 가세요. 4주 후에 보지요." 등등.

내가 보기에 정말 3분 진료 커녕 1,2분밖에 안 걸리는 진료시간 같다고 느꼈다. 그래서 어떤 날은 내가 질문할 내용을 모두 적어서 상담한 날도 있었고, 통증에 관한 내용을 수첩에 날짜별로 기록하여 의사에게 읽어보게 한 날도 있었다.
　하루에 몇 십명 또는 100명에 이르기까지 진료를 보는 의사들이 참으로 고달파 보인다는 생각도 하였다. 어떤 의사는 환자와 눈을 거의 마주치지 못하고 컴퓨터만 바라보고 컴퓨터 입력만 하며 들으면서 말하는 의사도 있다. 또 어떤 젊은 의사는 말투가 씩씩하고 수술에 대한 의견을 공격적으로 말하기도 하며, 어떤 나이든 의사는 말투가 느리고 수술에 관한 의견을 신중하게 좀더 지켜보자고 말하는 경우도 보았다
　의사들은 하루 종일 외래진료를 하며 앉아서 밀려드는 환자를 보느라 화장실 갈 시간도 부족해 보였다 그리고 간호사는 의사의 처방과 지시에 따라 환자들에게 앵무새같은 말을 반복하느라 얼굴에 피곤함이 엿보인다.

　의사들을 바라보면서 내가 그동안 지내왔던 교사생활과 비교가 되었다. 의사나 교사 모두 사람을 매일 대하는 직업이다. 의사는 늘 아픈 사람을 대하고 늘 찡그린 얼굴을 보고 사는 직업이고, 교사는 늘 푸릇푸릇한 싱싱한 얼굴들을 보고 사는 직업이라는 생각을 한다.
　의사는 기본 3분 진료를 하였지만 내가 교사시절이던 상담주

간에 상담예약이 정해지면 30분 상담을 충분히 하였다. 그 아이를 관찰한 내용과 특징 등을 기록하며 학부모와 천천히 이야기를 하였다. 학부모가 일에 바빠서 야간 상담을 요청하면 오후 상담이 끝난 후 저녁 7시부터 상담을 받아서 하다보면 어느 날은 밤 9시에 퇴근한 적도 있었다.

의사들은 환자를 진단하고 아픈 원인을 찾아 처방을 내린다. 각종 수술과 시술을 하기도 하며 약물과 주사요법을 사용한다.
교사들은 아이들을 의사처럼 진단하지 않는다. 그저 가능한 사랑으로 처방을 하려고 한다. 간혹 문제아가 발생하여 힘든 일이 생기면, 그 아이가 문제를 일으키지 않도록 주사 한 방 놓아주고 싶지만, 그 문제아들을 교정하기 위하여 깊은 고뇌를 한다. 아이를 계속 관찰하고 가정사정을 알아보고 교사들이 그동안 쌓아올린 경험과 노련함으로 아이들을 처방할 뿐이다.

교사의 경우 아이에게 다가가려고 노력하고 사랑을 듬뿍 주고 인내하다 보면 그 아이가 조금씩 발전하고 나아지는 것을 보게 된다. 그때 보람을 느끼고 행복감을 맛본다. 의사의 경우는 본인이 내린 처방이 잘 되어 환자들이 나아가는 과정에서 보람을 느끼겠지만 아무리 생각해도 교사 직업이 더 아름답다고 느낀게 사실이다.

의사도 의사 뒤에 의사선생님이라는 호칭을 같이 붙여서 사용하는 편이다. 그 이유는 의사도 연구하고 끊임없이 공부하며 환자들의 길잡이가 되어야 하기 때문이라 생각이 된다. 가난한 사람들을 치료비도 안 받고 돌보아주신 장기려 의사에게는 특히 더 장기려 의사선생님이라고 부른다. 의사 뒤에 선생님이라고 붙이는 것은 환자가 어떻게 해야 할지 알려주고 가르쳐주는 사람이라는 뜻이 들어가 있어서 그럴 것이다. 그래서 선생님은 대등한 위치에서 협조하는게 아니라 지도하고 이끄는 위치인 것이다.

상대방을 존경하는 선생님이라는 호칭으로 불리어지는 의사와 교사는 앞으로 많은 책임을 가지고 사람을 대해야 한다는 생각이 든다. 바람직한 환자와 의사관계가 정립되어야 하듯이 교사와 학생 관계도 바람직해야 힌다.
의사와 교사는 항상 사람을 대하는 직업으로서 끊임없이 자기연구와 성찰이 필요하다고 여겨진다. 환자의 최선의 이익이라는 의료의 목적이 잘 달성되도록 일방통행같은 결정을 하지 않아야 할 것 같고 교사 역시 학생들에게 해를 끼치지 않는 바른 길로 제시하는 나침반 같은 역할이 되어야 한다고 생각한다.

일곱.
걷기의 축복

사람은 아프기 전에는 정말 느껴보지 못한 것을 아프면 알게 된다. 나 역시 아프기 전에는 정말 몰랐던 것들을 아프고 나서 많이 알게 되었는데, 그 중 하나가 걷기에 대한 것이다. 일상 생활에서 평범하게 지내던 일을 코로나를 겪게 된 이후 사람들은 코로나 이전의 작은 일상의 생활이 얼마나 감사했는지를 알게 되었다. 손을 다쳐보면 손의 귀함을 알게 되고, 이가 아프면 밥을 씹어먹던 것이 얼마나 감사한 일인지 알게 된다. 그만큼 걷기에 대한 문제는 걸을 수 있다는 것과 걸을 수 없다는 것의 차이가 엄청난 것이다.

내가 척추가 여러번 골절되어 몸을 오랜 시간 움직이지 못하다 보니, 정말 시급한 문제는 화장실 문제를 스스로 처리하는 것이 가장 중요하다고 느꼈는데, 특히 걸어서 화장실에 가야 한다는 점이다. 누워있기만 하고 자리에서 일어나지 못하여 몸을 못 움직이고 걷지 못하는 것 만큼 그런 고통이 없다.

누!죽!걸!산!
누우면 죽고 걸으면 산다는 이 말은 황창연 신부가 던진 사자성어였다. 가장 돈 안 들이고도 나의 건강을 지켜주는 것은 걷기이다.

내가 걸을 수 없게 되니 병원에 가서도 못 걷는 환자들만 눈에 들어왔다. 병원에서 처음 진료를 받을 때 앰뷸런스에 실려가 진료를 받고 시간이 흐르며 휠체어를 타고 진료를 받았는데 휠체어도 들것에 누워 있을 때보다는 좀 나은 편이지만 불편함은 다르지 않았다. 휠체어를 안 타도 지팡이 짚고 걷는 노인들이나 목발을 짚어가며 간신히 걷는 환자만 나의 눈에 들어왔다.

제대로 걸을 수 없다는 아픔은 겪어본 자만 알 것이다. 몸을 많이 다쳐서 완치가 안되고 걸을 수 없게 된 우리 주변의 환자들이 생각보다 의외로 많았고, 걸을 수 있다는 것이 얼마나 감사한 것인지 가슴 깊이 느끼게 되었다.

어느 날 기독교방송에서 간증 프로그램을 보았는데 사고로 다리를 절단하고 의족을 채우고 걷기 재활을 하는 방송을 보았다. 그 사람은 〈두 번째 걸음마〉라는 책을 썼다. 다발성 절단 장애를 가진 저자가 경험하였던 일과 그가 받았던 은혜에 대하여 간증한 이야기이다. 자기 자신의 고통을 잘 이겨내고 재활하여 열심히 신앙생활도 하고 직장에서 일도 잘해 나가고 있었다.

걷기를 위하여 발바닥이 땅에 닿아 한 발자국을 내어 밀을 때 아주 천천히 조금씩 한 걸음 한 걸음씩 연습하던 생각이 난다. 아기가 태어나서 점점 자라나 걸음마를 시작하는 기분과 똑같은 느낌이다. 이 땅의 수많은 사람들이 걷기 재활을 통해 얼마나 연습하는지 얼마나 노력하는지 알 수 있었다. 병원에서 워커를 밀고라도 걷는 사람은 세상을 바라보게 되는 차원이 다른 것이다. 나도 누워서 천장 바라보던 시야가 다르고, 휠체어에 앉아서 바라보던 시야가 달라졌다. 시간이 흐른 후 워커를 밀고 다닐 때는 마치 새가 하늘을 날아다니듯 무척 기뻤다. 워커를 밀고 걸어서 세상을 바라보는 시야는 세상이 변하는 만큼 또 달라지는 것이었다.

워커를 밀어가며 걷기를 하거나 도움이나 부축을 받아가며 걷거나 지팡이에 의존하며 걸을 수 있다는 것도 감사한 일이다. 그러나 자기 스스로 자립하여 걸을 수 있다는 것은 말할 나위 없이 축복임을 알아야 한다. 혼자 걸을 수 있는 그 시간이 축복의 시간임을 일반 사람들은 전혀 느끼지 못할 것이다.

계단 한 개를 오르는 것, 계단 한 개를 내려가는 것 조차 힘에 겨워하고, 5분 걸어갈 거리가 50분 거리만큼 느껴지는 그 마음을 당해보지 않고 어떻게 알겠는가?

  그러므로 걷기는 인류의 축복이라는 말도 있다. 여러 분야의 몸 건강과 뇌 발달에 주는 영향도 크고 걷기의 기쁨과 즐거움도 누릴 수 있다. 올바른 걷기 자세를 가지고 걷기의 축복을 누리게 되는 사람들은 항상 감사함을 잊지 말아야 하겠다.

여덟.
병원 옥상에 간 날

병원에 오래 있다보니 감옥에 갇힌 것 같이 너무 답답하였다. 코로나 상황이 점점 더 심각하고 안 좋다보니 외부와 더욱 단절되어 있고, 나같은 경우는 재활요양병원이다 보니 너무 나이 드신 할머니 할아버지들이 많아 심심할 때 말벗을 할 상대가 없었다. 전화로 친구들과 수다도 떨고 싶고, 실컷 아무나라도 이야기를 하고 싶었다. 사람들 만나기 좋아하고 떠들기 좋아하던 내가 입운동을 하지 못하니 스트레스가 쌓인 날도 너무 많았다.

조금씩 시간이 흘러 워커를 밀며 걸을 수 있게 되면서 병원 로비도 나가서 많이 돌아다니고 싶었다. 드디어 워커를 밀게 된 날 로비에 나가는 운동을 조금씩 계속 연습하였다. 그렇게 하다 조금 자신감 붙은 날은 간호사나 간병사 몰래 엘리베이터를 타고 옥상에 올라갔다.

옥상에 올라가 너무 오래간만에 푸른 하늘을 쳐다보니 눈물이 나올 것 같았다. 천장만 바라보고 있다가 드디어 워커를 밀고 옥상에 올라와보니 이게 얼마만에 바라보는 하늘이던가!
　스스로 감동이 밀려왔다. 갑자기 서정주의 〈푸르른 날〉 시가 생각났다.

　푸르른 날

　눈이 부시게 푸르른 날은
　그리운 사람을 그리워 하자

　저기 저기 저, 가을 꽃자리
　초록이 지쳐 단풍 드는데

　눈이 내리면 어이하리야
　봄이 또 오면 어이하리야

　내가 죽고서 네가 산다면!
　네가 죽고서 내가 산다면?

　눈이 부시게 푸르른 날은
　그리운 사람을 그리워 하자

　우리나라 하늘은 유난히 맑고 푸른 것 같다. 좀 추운 날씨였지만 그래도 옥상에 올라와서 실컷으로 호흡을 하고 하늘을 바라보니 너무 좋았다. 미당 서정주 시인이 눈부신 하늘을 바라보고 그리운 사람을 생각하며 시를 써내려 갔을거라는 생각이 든다.

그 다음부터 점심식사 후 적당히 상황을 보아가며 몰래 엘리베이터 타고 옥상에 올라갔다. 건물 아래 보이는 집들과 가게 간판도 쳐다보고 지나가는 사람들 모습도 보았다.
푸른 하늘에 떠다니는 흰구름을 볼 때는 더욱 기분이 좋았다. 평소에는 전혀 느끼지 못하였던 바람과 공기, 하늘빛을 바라보고 아름다움을 느껴보았다. 원래 사람은 자기가 누리고 있을 때는 그것들이 얼마나 귀한 것들인지 모르는 법이다.

병원 옥상은 환자들에게 올라가지 말라고 여러번 경고하였지만 나에게는 병원 옥상이 몰래 엘리베이터 타고 스릴도 맛보고 올라가면 신선한 청량제 같은 역할이었다. 언젠가 1번 할머니가 답답하다고 휠체어 타고 올라갔다가 들켜서 간병사에게 야단맞은 일이 있었다. 그 일이 있은 후 나도 좀 자제하기는 하였지만, 그래도 가끔은 올라가서 친구나 지인들에게 전화하고 실컷 수다떨고 내려온 날도 있었다.

요즘은 건물의 옥상을 꽃과 식물을 가꾸어 놓고 하늘정원이라고 이름 붙인 곳이 많다. 하늘이 잘 보이는 시원한 위치에 꽃과 나무를 가꾸어 놓고 만든 카페로 이름난 곳이 많고 영종도 하늘공원은 가을 코스모스밭으로 유명하다.

  그래도 나는 유명한 하늘정원 카페도 아니고 꽃밭이 흐드러지게 잘 조성되어 있는 하늘공원이 아니더라도 몰래 올라가서 숨을 실컷 쉬고 바라본 하늘이 내 마음 속 정원이었다.

아홉.
할머니 환자와 할아버지 환자

    병실생활을 관찰하다 보니 할아버지 환자들보다 유난히 할머니 환자들이 곱절은 많아 보였다. 간병사가 말하기를 할아버지들이 할머니들보다 수명이 짧은 편이라 그럴 것이라 한다. 할아버지 환자들은 일정한 패턴을 보이는데 거동을 전혀 못하는 할아버지 빼고는 병원 로비에 나와서 주로 텔레비전 시청을 하는 편이다. 항상 KBS 프로그램을 일정하게 틀어놓고 꾸준히 보는 사람들이 많았다. 남들하고 별 대화도 없는 편이다.

    그에 반해 할머니 환자들은 바깥에 나오기보다는 병실 안에서 주로 생활하거나 거동이 좀 불편해도 말을 할 수 있으면 다른 할머니들과 이야기를 하는 편이다. 각자 성격들이 다르고 개성들이 있어서 어떤 할아버지는 전직이 궁금할 정도이다. 유난히 퉁명스럽게 말하고 말투가 명령조이면 저 할아버지는 전직에 간부 역할? 아니면 딱딱한 경찰관?이었을까 생각하며 그들의 과거 이야기를 취재해 보고 싶은 호기심도 발동하였다.

간호사들은 각 환자들의 성격이나 특징들을 알고 있어서 거기에 맞게 응대를 하는 편이다. 관절이나 치매환자도 유난히 할머니가 더 많은 것 같았다. 치매환자들도 다양한데 고약한 치매환자부터 순한 치매환자까지 다양하였다.

내 옆에 있던 5번 할머니는 약간 고약한 치매였다. 간병사가 좀 도와주려 하면 하지 말라고 성질부리고 고집을 많이 부려 애를 먹었다. 나만 보면 "젊은게 불쌍하군~! 벌써 이렇게 이런 곳에 들어와 아프다니! 에구구...!" 하며 혼잣말을 중얼거렸다. 어떤 치매 할머니는 남의 이야기는 듣지 않는다. 자기 하고 싶은 이야기만 한다. 올해가 몇 년도인지 무슨 요일인지는 모르면서 시세만 내일 져다보고 지금은 몇 시이고 밥이 나오려면 두 시간 남았다고 이야기 한다.

어떤 할아버지는 했던 말 또하고 계속 말을 반복하며 다닌다. 그리고 똑같은 환자복에 거의 다 백발이다 보니 뒤에서 보면 할머니인지 할아버지인지 구별이 안될 때가 있다. 한번은 내가 실수한 적이 있었다. 나도 어느 날 답답하여 로비에 텔레비전을 보러 나갔는데 어떤 할아버지가 여자 화장실에 들어가는 모습이 보였다. 나는 순간 치매로 남여 화장실을 구분못하는구나 생각하며 얼른 워커를 부지런히 몰며 뒤따라갔다.

"할아버지! 여기는 여자 화장실이에요. 옆칸으로 가세요." 하고 말하니 변기 위에서 옷을 벗으며 말하길 "나 여자야~!" 하는 것이다. 그리고 화장실 문도 잘 안닫기 때문에 진짜 여자 할머니임을 알았다. 나는 엄청 무안하였다. "네 그렇군요." 말하며 문을 살짝 닫고 나왔다. 그 할머니에게 미안하기도 하였다.

병실생활을 하며 관찰해 보니 할머니들의 머리는 가능한 짧게 자르고 화장기 하나 없는 얼굴이니 자칫 잘못 보면 남자 할아버지 같은 분들이 꽤 있었다.

그순간 병실에 있어도 여자는 좀 연한 화장이라도 하고 꾸미고 싶다는 생각도 들었다. 나 역시 거울로 얼굴을 들여다 보니 몰골 비참하고 흰 머리는 더욱 늘어났고 정말 늙은 할머니였다.

할아버지 환자 중 성격이 괴팍한 할아버지도 보았고 뇌졸중으로 편마비가 심해도 열심히 재활의 의지를 갖고 로비를 걷는 할아버지도 보았다. 그들도 귀여운 어린이 시절도 있었고 젊음의 열정을 불사르던 청년 시절도 있었을 것이다. 어떤 분은 언어마비가 왔는데 공부도 많이 하셨고 꽤 사회활동도 많이 하셨다 하지만 말로 표현을 못하니 간호사들과 가끔 메모로 의사 전달을 한다.

전직 의사이고 교수이고 대통령이면 무엇하랴....! 건강이 나빠져 치매가 오고 몸의 마비가 오고 사람답게 표현을 못하는 허무한 삶이 참으로 두렵기만 하다.

그러나 우리 모두 내일 일은 어찌 될지 모르는 것이고 내가 아프기 싫다고 안 아픈 것도 아니다. 어쩔 수 없이 병마가 찾아오면 인정하고 받아들여야 할 것이다. 예전처럼 할머니나 할아버지를 여성, 남성으로 보여지는게 아니라, 나에게는 그냥 똑같은 환자로 보여지고 한 인간으로 보여지고 있었다.

열.
처음 겪는 일

　몸을 많이 못 움직이고 계속 누워 있다보면, 그동안 해보지도 못하던 일을 처음으로 경험하게 된다. 심심하여 누워서 책을 읽거나, 누워서 휴대폰을 자꾸 하게 되다가 손가락에 건초염이나 관절염 증상이 오기도 하였다. 그리고 이상하게 팔꿈치가 아파서 의사에게 물어보니 테니스 엘보우라고 하였다. 이것을 고치기 위하여 스트레칭을 자꾸 연습해야 하고 가능한 누워서도 책을 읽고 휴대폰 하는 것을 줄여야 했다. 가뜩이나 심심한데 결국 이렇게 된다는 것이다.

　시간이 지나자 어느새 손톱과 발톱이 자라고 있었다. 어느 날 간병사에게 손톱깎이를 빌렸다. 일반적으로 간병사가 환자들의 손톱과 발톱을 깎아주는데 나는 간병사의 수고도 덜어줄 겸 내가 하겠다고 하였다. 생각보다 쉽지 않았다. 허리를 굽힐 수 없으니 일어나지도 못하고 겨우겨우 힘을 내어 깎았다. 손톱은 그럭저럭 해결되는데 누워서 다리를 들어올린 다음 발톱 깎는 것은 처음 해 보는 일이다.

　세월이 흘러 두 발로 서게 되고 워커를 밀며 쓰레기통에 휴지를 버리러 갔다. 그런데 휴지가 내 팔의 힘이 안 좋았는지 휴지통 안에 들어가지 않고 근처 바깥에 떨어졌다. 허리를 굽힐 수 없어서 땅바닥의 휴지도 줏을 수 없는 상황이었다. 그순간 발가락으로 휴지를 주워 다시 휴지통에 넣으려고 시도하였다. 당연히 한 번에 성공은 못하였다. 두 세번 시도하여 겨우 발가락으로 집어서 넣었다.

　갑자기 구족화가들의 모습이 떠올랐다. 이! 구족화가들이 이런 심정으로 그렇게 피나는 노력과 땀을 흘리며 연습하였겠구나…….! 손 대신 입으로 그림을 그리는 화가들, 손 대신 발로 그림을 그리는 화가들의 모습은 정말 경이롭다.
　특히 족필 화가 이윤정 작가는 왼발만 간신히 사용하는 최고 단계의 중증장애인이다. 그녀가 그리는 캔버스 위의 아름다운 꽃 그림은 진짜 꽃보다 더 화려하고 살아있다는 느낌이 든다. 그녀가 장미공원에서 그녀를 취재하기 위한 기사를 위해 사진을 찍었지만 그녀가 생동감있게 그린 꽃들이 장미공원의 꽃보다 더 아름다웠다. 또한 오순이 화가의 먹으로 그린 꽃그림도 너무 멋지다.

우연히 척추골절을 겪어보고 그동안 경험하지 못하던 일들을 경험해보니 아픈 많은 환자들이 너무나 이해가 가고 몸을 가누기 힘든 전신마비 환자들이나 중증장애인들의 마음이 공감이 되었다. 앉을 수도 없고 서서 단 몇 분도 버티기가 어렵고 허리가 약간이라도 굽어지지 않을 때의 괴로운 심정을 경험하였다. 허리와 어깨가 아파 세수도 하기 어려웠을 때는 매일 일어나 아침에 눈 뜨고 양치하며 세수하는 일이 기적이라는 것도 몰랐다. 그런데도 우리는 한치 앞을 모르고 욕심을 부리며 살고 있다.

어느 날은 시원한 음료수가 먹고 싶어 병을 따려고 하는데 병뚜껑을 딸 수가 없었다. 오래 누워 지내서 근력이 빠지면 전신근력의 약화로 다리근력 뿐 아니라 손의 힘, 악력도 없어진다고 하였다. 모두 처음 겪어보는 일이다.

겪어보면 안다. 그동안 누려왔던 모든 일들이 결코 예사롭지 않고 축복이었음을......! 그러니 알고보면 우리가 지내왔던 일상생활의 평범함은 모두 다 기적이었다.

이 혜 경 시집
재단사의 조각보

이혜경 시인은 무엇을 얻고자 하는 욕구보다는 남을 위한 행복의 재단사를 자처한다. 찬란하게 빛나지만 가질 수 없는 별과 밤하늘을 밝혀 길을 찾게 하는 달이 되려는 게 아니라 그 빛을 받아 품어 남을 위한 빛으로 발하기를 원한다. 일생을 마치고 나면 아무것도 남길 수 없는데 무엇을 원하여 욕망에 사로잡히는가를 처음부터 깨달은 것이 확실하다.

- 이오장(시인) 평설 부분 -

| 시인의 말 |

길을 빠르게 가르는
지름길은 있어도
머릿속 복잡할 때
해결할 지름길은 없다
꿈이 바로 앞에 보여도
팔을 뻗어보아야 알 수 있다
원하는 것
열정을 불살라 가며
당장 이루고 싶어도
인생의 순리에 맡기자
천천히 걸어가면
그게 진짜 지름길이니까

| 약 력 |

서울 출생. 이화여자대학교 사범대학 교육학과 및 동대학원 졸업. 서울 이화여대부속초등학교, 서울 개웅초등학교에서 정년 퇴임. 〈문예사조〉 시 〈대나무〉로 등단. 〈국제문단〉 수필 〈은사님의 추억〉으로 등단.
시집 : 〈기침도 없이 걸음하는〉, 〈재단사의 조각보〉 출간.
시집(공저) : 〈적도의 별들〉 〈악마의 빛깔〉, 〈너스레 영업정지〉 출간.
수필집 : 〈내 삶의 뒤안길〉 출간.
수상 : 전국교단수기 동상/ 이화동창 글짓기대회 행복상/ 새문안문예 대상 수상.
한국문인협회, 한국현대시인협회, 이화동창문인회, 서울교원문학회 회원. 한국NGO신문 신춘문예 운영위원

제4부

인생 수첩

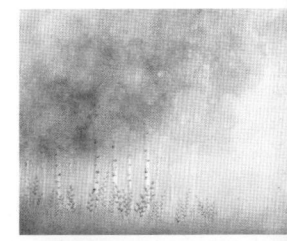

하나 - 시 낭송의 기쁨
둘 - 가을을 떠나 보내며
셋 - 생과 사의 길목에서
넷 - 감사투성이
다섯 - 고마운 일만 기억하기
여섯 - 감사 수첩으로 시작하는 하루
일곱 - 가슴에 품어온 마지막 작은 예배
여덟 - 행복연구회
아홉 - 말투
열 - 어머니와 도시락 추억
열하나 - 나를 키워준 스승들
열둘 - 잊을 수 없는 학부모

하나. 시 낭송의 기쁨

몇년 전 겨울비가 내린 날이었다. 예전에는 겨울비가 추적추적 내리면 을씨년스럽게 생각이 들고 나도 모르게 기분이 울적한 적이 많았다. 그러나 이번 겨울방학에 유익한 연수를 하고 나서 그런지는 몰라도 요즘 내리는 겨울비는 나에게 아름다운 악기연주같이 들려왔다. 갑자기 돌풍과 천둥까지 동반한 요란한 겨울비였는데도 말이다. 그 이유는 시낭송의 기쁨을 그 해 겨울에 알게 되었기 때문이다. 비오는 소리도 시적인 리듬이 있고 하나의 언어라는 생각이 들었다.

나는 몇 년 전에 아이들과 일년을 힘겹게 씨름을 하면서 어느새 그동안 충전한 체력의 에너지가 모두 고갈되었다. 학교생활의 에너지 밧데리가 다 끝나듯 방전될 무렵 크리스마스 연휴를 정신없이 지내고나니 어김없이 겨울방학이 되었다.

나는 항상 방학이 되면 충분히 휴식하는 것이 목표였지만 하늘의 뜻을 아는 지천명(知天命)의 나이를 훌쩍 뛰어 넘어 어느새 코앞에 귀가 순해진다는 이순(耳順)이 지나고 보니 하루 하루 주어진 시간을 귀하게 여기고 이제부터 좀 더 알차게 보내야겠다는 절실한 마음이 생겼다.

방학이 되면 나의 발전을 위하여 젊은 시절에는 주로 학습이론과 수업지도법 및 생활지도 관련 연수를 찾아 다녔는데 이제는 나의 감성 충만이 곧 아이들의 인성 충만과 깊이 연결이 된다는 것을 알게 되었다. 그래서 점점 요즘 시대의 각박한 현실과 학교 폭력이 난무한 시대에 나의 감성을 찾을 만한 유익하고 좋은 연수가 있으면 반드시 신청하고 배우기로 마음을 먹었다. 지금까지 기억될만한 나의 감성을 깨우기 연수는 주로 서예 연수나 음악감상 연수 또는 심리학과의 인문학 강좌였다.

어느날 외국에서 오랜 기간을 살다가 한국을 방문한 친한 친구를 강남에서 반갑게 만나고 돌아오는 길에 나 역시 나도 모르게 지하철 안에서 스마트폰 엄지족이 되어 있었다.
정말 우연하게도 다른 자료를 찾다가 좋은 연수를 운이 좋게 발견하였다. 이번 방학은 허리도 안 좋아져서 그냥 집에서 푹 쉬고 연수를 하지 말까 생각중이었는데 그 연수를 발견하고 나니 눈이 번쩍 떠졌다. 지하철에서 내리자마자 연수 신청을 얼른 하고 1

월 중순부터 시작하기로 하였다. 연수하는 장소가 집에서는 좀 먼 거리이지만 오랜만에 대학로 나들이도 하고 겸사겸사 즐겁게 다니기로 마음먹고 나갔는데 그때부터 하필이면 매서운 강추위가 시작된 날이었다. 평균 영하 15도 이하 또는 영하 18도의 얼음골 같은 강추위 날씨였다.

그러나 아무리 맹추위가 기승을 부려도 마음의 열기를 얼음으로 만들지는 못하는 법이다. 마치 네가 이기나 내가 이기나 하는 심정으로 연수를 열심히 받게 되었다.

세계 102개국 4만 명의 사람들에게 질문하여 얻은 자료를 예전에 신문에서 읽은 적이 있다. 세상에서 가장 아름다운 단어를 질문한 결과 1등은 Mother, 2등은 Passion, 3등은 Smile, 4등은 Love라는 것이다. 다른 단어들보다도 Mother라는 단어가 머리 속에 많이 남아 있었다. 우리는 어머니의 뱃속에서부터 어머니의 언어를 미리 듣고 태어난다. 그래서 모국어를 잘 사용하고 모국어로 사람들과 제대로 소통하는 것은 참으로 축복받은 것이며 그런 모국어를 시나 좋은 글로 만들고 읽는 것은 정말 아름다운 것이다.

특히 시를 읽을 때 활자를 그대로 보고 낭독하는 것과 시를 내 것으로 만들어서 암기하여 감정과 함께 낭송한다는 것은 굉장한 차이가 있다. 어떻게 하면 나도 시 낭송법을 제대로 배우고 익혀서 단 한 줄이라도 모국어의 아름다움을 살릴 수 있을까? 시 낭송하는 법을 조금이라도 익혀서 제대로 배우고 싶었고 늘 갈망하고 있었다.

　연수받는 첫날은 시 낭송법의 이론과 유명한 시인들의 강의를 귀하게 들었고 이튿날부터 시 낭송 전문가들의 아름다운 언어의 바다에 내 귀를 풍덩 빠뜨리게 되었다. 살을 에이는 아침 강추위에 벌벌 떨며 먼곳까지 나가서 연수를 다녔지만 며칠 동안 듣고 배운 연수는 너무나 유익하였다.
　아름답고 좋은 시들을 접하며 단어 하나 하나, 음절 하나 하나 음미하며 시 낭송에 관심 많은 초중고 교사들과 호흡을 같이 하며 읽고 또 읽고 계속 연습하였다. 경력이 많고 출중하신 시 낭송가들의 멋진 시범을 직접 보고 감탄하며 열심히 배우고 익히게 되었다.

　평소에는 잘 몰랐는데 시 한 편을 가지고 많은 연습을 하여 나의 감정을 전달하고 남들에게 감동을 준다는 것이 참으로 고귀하다고 생각되었다. 무엇보다도 시어 하나 하나를 심사숙고하여 선택한 그 시인의 입장과 시인의 마음이 나의 가슴 속에 와 닿는다고 생각하게 된다. 그리고 효과적인 시 낭송의 표현을 위하여 음성을 잘 연구하여 표현해야 하며 발성과 호흡을 가다듬어야 한다. 알고 보니 호흡을 하는 한 마디의 한 순간도 우리에게는 참 중요한 것이었다. 더구나 우리는 처음에 낭송법을 배울 때 앞에 나가 여러 사람 앞에서 발표하는 것이 너무 부끄럽고 어색하기만 하였다. 그래도 시 낭송가들께서는 우리들에게 발표할 때마다 첨삭 지도를 자세히 해주시고 우리들에게 용기를 주시며 열심히 지도하여 주셨다.

 연수장 안에서 며칠 동안 공부하면서 연습하고 또 연습하며 시 낭송의 열기가 고조될 무렵, 연수기간이 끝나고 대학로에 나와보니 바깥 날씨도 다 풀려 있었다. 겨울방학이 끝나고 다시 개학이 다가오자 나는 그 해 2월의 마지막 마무리 수업으로 꼭 아이들과 시 낭송 수업을 하리라 계획하였다.

 사람의 목소리는 얼굴 생김새와 손가락 지문이 다르듯이 모두 다르고 다들 저마다 음성의 특색이 있다. 연수받는 교사들 하나하나 앞에 나와 발표를 하는데 어떤 사람은 호소력이 짙고 어떤 사람은 조용하고 차분하며 어떤 사람은 느낌이 오는 강력한 메시지가 전해졌다.

 그래서 깨달음을 얻으며 생각해 보았다. 나는 그동안 많은 세월 어린 아이들을 가르치면서 왜 진작 시 낭송 수업을 좀 더 일찍 하지 못하였을까? 하는 후회가 물밀듯이 생기게 되었다.

 아이들의 목소리는 어른들보다 훨씬 더 낭랑하며 꾸밈이 없고 또랑또랑한데……! 아이들과 개학날 반갑게 만나는 날을 손꼽아 기다리며 간단하면서도 낭송하기 좋은 몇 개의 시들을 골라보았다.

드디어 겨울방학을 마치고 아이들과 2월 수업을 시작하면서 간단한 시부터 공책에 적어보고 서로 느낌도 발표하며 차근차근 시 낭송을 같이 하였다. 아이들은 시를 더 빨리 외우고 종달새가 지저귀듯 우리 어른 교사들보다도 즐겁게 익히는 것 같았다.

특히 시는 아침에 읽는 것이 더 좋다. 어느 유명한 경력이 많은 나이든 배우는 아침에 일어나자마자 시를 크게 낭송하면서 발성 훈련을 꾸준히 하였다고 한다. 시 읽는 아침으로 하루를 시작할 때 활력소가 되고 마음속에 긍정감이 충만하게 된다. 우리가 언어를 배울 때는 낱말 한 개조차 제대로 느낌을 살려 소리내는 것이 쉽지 않다고 여겼는데 오히려 내가 맡은 아이들이 저학년이라 그런지 아이들 목소리가 더 귀엽고 낭랑하며 감정이 풍부해 보였다.

어린이의 성대는 아주 작은 3mm에서 시작되어 십대까지 10mm로 자란다고 하는데 시 낭송을 하는 우리반 아이들을 보니 어른보다 맑고 순수하게 감정 표현과 전달도 더 잘하고 울림도 좋아 보였다. 어린 시절부터 시 낭송을 연습하다 보면 자기 자신도 즐거운 기분을 가지게 된다. 그리고 자기 목소리에 아름다운 울림이 있고 좋은 목소리의 표현을 하리라고 믿는다.

　예전에 나는 시 낭송을 한다는 것은 성우나 아나운서처럼 듣기 좋은 목소리를 가진 사람만 하는 것이라고 생각하였다. 그러나 아무리 좋은 음성의 목소리를 타고 났어도 자기만의 개성이 있고 빛깔이 있는 나만의 목소리로 표현하여 시의 맛을 느끼는 것이 얼마나 중요한지 알게 되었다. 내가 비록 시 낭송의 전문가는 아니었지만 우리반 아이들과 한 학년 마무리를 하면서 아이들과 같이 좋은 시를 낭송하며 학년을 마치게 되어 너무나 만족스럽다. 또한 나도 시 낭송을 익히고 배우며 이번 겨울에 치유(治癒)의 기쁨을 얻게 되었다.

둘. 가을을 떠나보내며

몇 년 전에 시를 좋아하고 시를 공부하는 문인들과 함께 부여에 있는 신동엽 문학관으로의 기행 일정이 있었다. 문학관 구경을 하고 신동엽의 시를 음미하며 백제의 한이 서려있는 부여의 낙화암을 바라보았다.

고란사의 만추 모습이 너무 아름답다고 생각하는 순간 친정아버지의 전화를 받았다. 여간해서는 자식들한테 전화를 하지 않으시는 분인데 깜짝 놀라서 받아보니 새어머님의 부음이었다.

아버지께서는 친어머니와 사별하시고 같은 고향분을 소개받아 새어머니를 맞이하셨다. 자식들은 처음에 어색하기도 하고 다 늦은 나이에 무슨 새어머니를 맞이하실까 생각하며 이해를 쉽게 못하였다.

그러나 아버지의 판단이 현명하셨다. 새어머니께서는 예전 친어머니와 여러 가지 면으로 많이 다르긴 하였지만 아버지의 성격을 잘 받아 들이시고 십 몇 년을 오순도순 보기좋게 사셨다. 그래서 자식들의 짐을 덜어주셨고 우리들의 불안함을 안심하게 하셨다.

시간이 흐르면서 우리들도 친어머니처럼 인정하고 가족으로서 친하게 지내면서 점점 정이 들어갔다. 그렇게 십 몇 년을 사셨는데 갑자기 부음 전화를 받으니 정말 놀랍기도 하고 고란사에서 쓸쓸하게 떨어지는 낙엽이 우리 인생같이 허무하게 날아가 버리는 듯하였다.

우리도 나이가 들면 부부간에 서로 어느 쪽이 먼저 갈지 모르는 채 사별을 하게 된다. 우리 아버지께서는 친어머니에게 갑자기 찾아온 심장마비로 먼저 사별을 겪으셨는데 씩씩하게 홀로 몇 년을 사신 후 새어머니와 정답게 살으셨다. 그리고 새어머니도 갑자기 떠나시게 되었다. 아버지께서 두 번이나 자기 자신보다 미리 아내를 떠나보내고나서 쓸쓸하고 허전하게 남으실 것을 생각하니 마음이 아련하였다.

그러나 지금 내가 부소산에서 바라보는 아름다운 단풍도 예전에는 당연히 푸른 잎이었다. 단풍이 드는 이유는 나뭇잎 속의 엽록소가 분해되고, 새로 안토시안이 생성되면서 단풍이 드는 것이다. 식물의 종류가 달라도 안토시안은 같다. 그런데 나뭇잎마다 단풍색이 다른 것은 엽록소나 황색, 갈색 등의 색소의 양이 다르기 때문이라고 한다.

노란 단풍잎의 경우 초록색 엽록소와 노란색 색소를 함께 가지고 있다. 이러한 나뭇잎들은 봄과 여름에는 노란색이 드러나지 못할 정도로 엽록소가 많아 초록색으로만 보인다.
그러다 가을이 오고 기온이 떨어지면 엽록소가 자기 분해되면서 노란색이 나타나게 되는 것이다. 이런 과정으로 은행잎이 노랗게 물든다.

빨간 단풍잎은 좀 다르다. 날씨가 추워지면 잎에서 광합성으로 만들어진 당류가 줄기로 옮겨가지 못하고, 대신 잎 속에서 효소작용을 일으켜 빨간 색소를 만든다고 한다. 이것이 잎속에 있던 노란 색소와 합쳐져 주황색이 된다. 가을이 깊어질수록 빨간 색소가 점점 많아지면서 더 빨갛게 물든다.

결국 단풍 색깔은 잎의 색소와 기온, 수분, 자외선 등 외부의 자연 조건에 의한 효소작용으로 일어나는 현상이라고 하는데 우리 역시 우리의 삶이 그러하다고 생각한다. 우리네 인생이 단풍처럼 저마다의 인생 빛깔과 같지 않은가?

친어머니가 젊을 때 푸른 단풍으로 시집오셔서 빨간 단풍으로 우리 아버지 곁에서 이쁘게 물들었다면 새어머니는 노년 황혼기에 만나 노란 단풍잎의 인생을 살으신 듯 하다.

따라서 단풍은 급격히 떨어지는 기온, 적당한 습기, 자외선의 양 등으로 빛깔의 아름다움이 결정된다. 또 평지보다는 산지, 음지보다는 양지바른 곳, 일교차가 큰 곳의 단풍이 더욱 아름답다고 한다. 이것만 보아도 단풍의 아름다움이 우리 인생의 오르막길과 내리막길처럼 닮아있지 않은가?……
그리하여 음지보다 양지바른 쪽 단풍은 우리에게 긍정적으로 감사하는 생활의 원칙을 말해주는 듯하다. 그래서 그 고운 빛깔이 우리에게 더욱 아름다운 인생이 되는 것 같다.

자기 자신을 위하여 단풍이 들고 낙엽을 떨어뜨리듯 우리 아버지께서도 두 분의 어머니를 떠나보내신다. 우리도 결국 그렇게 가을을 떠나보내야 한다.
우리 모두 떠나가는 가을을 붙잡을 수 없으니 다가오는 겨울의 소리를 받아들이며 조용히 귀를 기울여 본다.

〈아무도 언제 죽을지 묻지 않는다〉

장수를 누리는 데 급급하지 말고
만족스럽게 사는 데 마음을 쏟아야 한다.

명은 운에 따르는 것이지만
만족스러운 삶은 제 마음에 달려 있기 때문이다.
충만된 삶은
장수와 같은 의미이며,
영혼이 스스로의 선함을 되찾아
자신을 다스리는 힘을 가지고 있을 때
충만된 삶을 이루는 것이다.

- 세네카의 《루실리오에게 보내는 편지》 중에서 -

셋. 생과 사의 갈림길에서

평소에 나는 도로에서 운전하다 뒤에서 위급한 신호가 울리는 구급차가 달려오면 얼른 구급차가 빨리 가도록 길을 비켜주기에 바빴고 구급차가 급하게 달려가는 것을 차안에서 쳐다보았다. 오늘은 누가 또 위급한 일이 생겼나보구나 안쓰럽게 여기며 바라보았다.

그러던 내가 지난 봄에 갑자기 나에게 위급한 일이 생겨서 119 구급차에 실려가는 일이 발생하였다. 의식이 혼미한 가운데 어느 정도 정신을 희미하게 차려보니 사방이 우리집이 아닌 것 같았다.
 이상한 천장 색깔이 보이고 나는 비좁은 침대에 누워 있었고, 누군가 나의 혈압. 맥박. 산소포화도 등을 수시로 점검하고 체크하는 것 같았다.

그순간 내게 안좋은 일이 생긴 것 같아서 가슴이 두근거렸다. 눈을 반쯤 뜨다 말고 119대원에게 도대체 여기가 어디냐 물어보니 나의 예상대로 구급차 안이라고 하였다 나는 지금까지 살아오며 구급차는 나와 아무 상관이 없고 항상 남의 일로만 여겨졌고 내가 안쓰럽게 바라보던 구급차 안이라니……! 내가 구급차를 타고 실려가고 있다니…..너무나 충격을 받아 무슨 큰일이 나에게 생겼다는 것을 직감하게 되었다. 나는 눈을 감고 응급실에 도착할 때까지 불안에 떨며 다급하게 마음 속으로 외쳤다.

"하나님! 살려주세요!"를 계속 반복하며 기도드렸다. 머리 속이 하얗게 되었다. 마음이 어지럽고 복잡해지며 그순간 가족들의 모습이 가장 많이 떠올랐다. 그리고 갑자기 옷장 속의 옷정리 안한 것, 책을 쌓아놓고 책정리 안한 것, 빨랫감 밀린 것, 친구와 약속 잡아놓은 것 등등, 별의별 생각들이 꼬리에 꼬리를 물며 재빠르게 지나갔다.

그래서 하나님이 지금 저를 데려가시면 정말 안된다고 매달렸다. 제발 저를 불쌍히 여기시고 아직 정리할게 너무 많으니 저에게 정리할 시간을 좀 주셔야 한다고 계속 기도를 드렸다. 응급실에 도착하니 간호사가 신속히 여러 조치를 하며 내가 입고 있던 옷들을 가위로 한번에 모두 자르고 나서 재빨리 환자복으로 갈아입혔다. 그리고 조금후 내 왼쪽 옆 침대에 또 위급한 남자환자가 들어왔다. 응급실에서 커튼 하나 차이로 별별 사정 등으로 급한 환자들이 속속 도착함을 알 수 있었다. 커튼으로 가려있어서 환자들의 얼굴은 안 보이지만 그들의 신음소리와 의사와 간호사들의 여러 가지 바쁜 움직임 소리로 모두다 위급한 분위기를 감지할 수 있었다.

나는 예정대로 신속하게 여러가지 검사를 하였다 피검사. 소변검사. CT. 초음파. 뇌파. MRI 등등의 여러가지 검사를 하고난 후 일단 뇌병동에 입원하며 경과를 지켜보기로 결정되었다. 일단 하나님께 감사드리고 기도한대로 나를 살려주셨다는 안도감을 느끼는 사이 내 왼쪽 옆 커튼으로 가리워진 침대 옆에서 가족들의 울음소리가 들려왔다. 내가 응급실에 도착한지 얼마 후 도착하신 분인데 커튼 한장 차이로 가족들의 아버지로 짐작되는 분이 심근경색으로 응급실에 실려와 얼마 못겨디고 돌아가신 것이다.

커튼 한장 사이로 나는 살아있고 그 분은 돌아가셨다. 내가 있는 곳은 이승이고 그분이 계신 곳은 지금 저승인가보다. 뭔가 말로 다 형용 못할 어두움이 내 가슴을 한참 짓누르고 있었다. 마치 무거운 돌덩이가 내 가슴에 날아온 것만 같은 느낌이었다.

어느덧 시간이 흐른 다음 나는 안정을 찾아 8층에 있는 뇌병동 병실에 입원을 하였다. 몇년 전에 무릎을 수술하고 입원한 외과병실은 6명이 같이 입원한 병실이었는데 커튼이 있어도 서로 가리지 않고 몸은 움직이지 못하여도 환자들끼리 얼굴도 보며 즐겁게 이야기도 하고 간식도 나눠 먹었는데 뇌병동 병실은 절대 안정의 팻말이 많이 붙어있고, 내가 들어간 병실은 4명의 환자들이 입원하였는데도 커튼을 서로 다 가리고 아무 소리나 인기척이 없는 무거운 침묵만이 흐르고 있었다. 그런 정적이 흐르는 분위기 속에서 오래 일한 탓인지 간호사들과 간병사도 말 수가 적고 너무 조용한 분위기였다.

특히 코로나 상황이라 전혀 가족들과 만날 수 없으니 누구랑 대화 한마디도 못하고 병실 분위기는 너무 외롭고 답답하였다. 며칠 후 알고보니 너무나 운이 좋았던 나를 제외하고 나머지 3명의 환자들은 모두 뇌수술을 하였던 것이다. 나는 자세한 검사를 하고 나서 수술을 안하기로 결정하고 6개월마다 관찰하며 추적검사를 하기로 하였다. 그저 행운아 같았다.

같은 병실에 있던 내 옆 침대에 누워 있는 환자는 수술 후유증으로 아무리 본인이 말하고 싶어도 언어장애가 와서 말이 안나오니 의사 앞에서 울기만 하였다 의사는 조금씩 시간이 지나고 재활을 할 수 있다고 안심시키는 소리를 해주었다.
다른 한 명은 수술 후 양쪽 팔다리를 전혀 움직일 수 없었다. 병실에 배정받은 간병사가 모든 병수발을 다해주거나 특별허락을 받은 가족 한 명만 들어와 환자의 뒷치닥거리를 하였다.

내 앞에 마주보고 있는 또 다른 마지막 한 명은 거의 식물인간처럼 상태가 점점 악화되어 중환자실로 옮기며 거기서 생을 마감할 수 있다고 하였다.

우리는 지금까지 인생을 살아오면서 많은 선택을 하며 살아왔지만 생과 사의 길목에서는 내 맘대로 내 멋대로 선택을 할 수가 없다. 평소에 사람들과 떠들기 좋아하던 나도 뇌병동에서는 어두운 그림자가 다가오고 무거운 분위기에 휩싸여 할 수 있는 말이 엄청 줄어들었지만 누구하고도 말할 상대가 하나도 없었다.

나도 언제 어느 순간 무거운 커튼으로 가리워진 그들처럼 그런 일이 닥쳐올 수도 있기 때문이다. 친한 간호사 친구에게 내 상황을 문자로 알리니 우선 진정하고 침착한 시기에 안정을 찾으면서 나의 유언장을 미리 작성해 놓을 필요가 있다고 조언하였다.
그 일을 계기로 삶과 죽음에 대한 생각을 많이 하였다. 지금까지 살아온 내 모습을 차근차근 점검하고 되돌아보았다. 그동안 잘못했던 일은 반성하고 회개도 하였다. 지금까지 살아온 것도 돌이켜보니 모든 것이 은혜였고 모든 순간 감사한 일이 많았다.

어느날 생전 장례식을 화려하게 잘 마치고 평안하게 눈감는 환자의 다큐도 보았다. 사랑하는 나의 형제들은 엄마 뱃속에서 순서대로 나왔으나 저 세상 갈 때는 내가 먼저 갈지 누가 먼저 갈지 순서없이 갈 수도 있는 것이다. 죽음을 두려워하지 말고 아침에 눈이 떠지면 새날을 맞이함에 늘 감사하고 오늘 하루도 주어진 선물이라 여기기로 하였다.

며칠 지나 뇌병동에서 퇴원하고 집에 돌아와 뉴스를 보니 영화배우 강수연이 나와 같은 병으로 사망했다는 소식이 흘러나왔다. 사람의 일은 한치 앞을 모르는 법이다. 어느 누구나 언제라도 생과 사의 길목에 서있음을 인정해야 한다. 나의 생과 사의 길목은 응급실에서 경험해 보았던 커튼 한장이었다.

넷. 감사투성이

　우리가 살아가다 불행, 고난이나 역경을 당하면 누구나 당황을 하거나 왜 하필이면 나에게 이런 일이? 하며 하늘을 먼저 원망하게 된다. 그리고 자기 자신의 일이 잘 안 풀리면 일단 남의 탓을 먼저 하기도 한다. 나 역시 예전에는 그렇게 생각히고 행동하였다.

　그러나 감사하기의 중요성을 공부한 후 우리가 살아가는데 있어서 얼마나 감사하는 태도가 귀하고 중요한지 많이 깨닫게 되었다. 우스운 이야기가 있는데 대머리의 5대 감사라는 내용이 있다.

　〈대머리의 5대 감사〉
　첫째는 하나님의 사랑을 너무 받았다는 것이다.
　얼마나 사랑했기에 머리를 하도 쓰다듬어 빠졌겠는가.

둘째는 대머리 중에는 거지가 없다.
대머리 모습으로 도와 달라는 사람은 아직까지 보질 못했다.

셋째는 능력 있는 사람 중에 대머리가 많다.
바울도, 엘리사도, 고르바초프도 대머리였다.

넷째는 물자를 절약할 수 있다.
비누나 샴푸, 물을 상당히 절감할 수 있다.

다섯째는 하나님을 편하게 해드린다.
하나님은 머리카락을 세신다고 했는데 머리털이 적어 셀 것이 없으니 얼마나 편하겠는가! ㅎㅎㅎ!

우리가 살아가며 세상만사 생각에 따라서 절망스런 일도 감사로 바꿀 수 있다면 못할 것이 없을 것이다. 〈찬송 생활의 권능〉이라는 책에서는 좋은 일이 있을 때 당연히 감사하게 되지만 나쁜 일이 일어나도 무조건 감사를 외치며 감사하는 태도를 당연히 실천하라고 한다. 그래서 모든 일에 감사투성이를 가지고 살아가는 자세를 가져야 한다고 강조하고 있다.

진리는 단순하다. 생각을 바꾸면 길이 보이고 생각을 바꾸면 살도 빠지고 생각을 바꾸면 마음이 행복하기도 한다. 또한 생각을 바꾸면 미래가 달라지고 생각을 바꾸면 기적이 나타나기도 한다.
　예전부터 유명한 철학자가 말한 감사의 명언과 격언은 워낙 많이 있고 감동을 주는 감사에 관한 좋은 문장들도 많다.
　〈탈무드〉에도 세상에서 가장 지혜로운 사람은 배우는 사람이요, 세상에서 가장 행복한 사람은 감사하는 사람이라고 했다.

　사람의 몸은 감정에 민감한 편이다. 그래서 감사한 마음을 가지면 맥박이 고르고 소화력이 왕성하고 기분이 좋아져 자연스럽게 건강하고 행복한 삶을 살게 된다는 원리이다. 이런 내용은 많은 학자들의 연구에 의하여 밝혀지기도 하였다.

　나 역시 감사하는 마음을 가지고 생활하기 위하여 매일 감사수첩에 감사일기 쓰기로 마음먹고 실천해 보았다. 처음에는 별로 감사의 내용을 쓸 문장이 없는 것 같고 굉장히 어색하였는데, 꾸준히 조금씩 실천해 보니 감사할 내용이 점점 많아지는 것이었다.
　작은 일부터 감사할 거리를 찾아서 감사일기 쓰기를 시작하니 마음이 진짜 조금씩 평온해지고 감사의 내용을 쓰면서 자꾸 감사가 감사의 꼬리를 물고 나타나는 것 같았다.

　어느날 생각해보니 아침부터 밤까지 하루 전체가 감사하는 마음으로 생각되고 이루어진 것 같았다. 예전에는 나 자신의 하루하루가 불만투성이 같았는데 나도 모르게 감사투성이로 변하고 있었다. 그래서 감사는 감사를 잉태한다고 하는 유명한 말도 있다.

즉, 감사란 내 삶을 인정하는 적극적인 자세를 의미한다.

인생은 생각대로 된다.
인생은 말대로 된다.
인생은 꿈대로 된다.

그동안 지내왔던 모순투성이, 불만투성이, 불평투성이는 나중에 감사하는 말하기의 실천, 감사일기 쓰기의 실천으로 감사투성이라는 사랑스러운 모습으로 나에게 다가와 내가 바뀌는 변화를 느끼게 된다.

우리가 아무리 어려운 환경에 처하게 되더라도 좋은 생각을 가지고 좋은 말을 하면서 좋은 꿈을 꾸며 발을 내딛는다면 분명 우리는 건강하고 행복하게 살아갈 수 있을 것이다. 오늘도 하루가 온통 감사투성이가 되도록 하는 것은 나 자신 스스로에게 달려 있는 것이다.

다섯.
고마운 일만 기억하기

우리가 살아온 날들을 돌아보면 이상하게도 남에게 섭섭했던 일은 좀처럼 잊혀지지 않는데, 남에게 고마웠던 일은 슬그머니 잊혀지곤 한다.

반대로 내가 남에게 뭔가를 베풀었던 일은 오래도록 기억히면서, 내가 남에게 상처를 줬던 일은 쉽사리 잊어버리곤 하는 편이다.

내가 남들에게 도움을 받거나 은혜를 입은 일은 기억하고, 남에게 대한 원망을 잊어버린다면 우리의 삶은 훨씬 편하고 자유로워질 것이다.

그러나 인간이기에 사실 이렇게 행동하기가 쉽지는 않은 편이다. 알고보면 우리 자신이 고마운 일만 기억하고 살기에도 인생은 길지 않고 짧은 편이다.

어린 시절부터 생각해보면 감사하고 고마운 일은 사실 한도 끝도 없지만......!

날씨가 요즘 더워지니 슬며시 짜증이 난다. 또한 지난 겨울에는 몹시 추워서 얼른 그 시간이 지나가길 바라고 힘들어하던 때가 엊그제 같은데......!

며칠 전에 7번째의 나비의 꿈을 위하여 교실에서 창가로 나비를 날려보냈다.

아이들의 과학수업을 위하여 나비 알을 처음에 교육청에서 7개를 받았는데 알에서 애벌레가 되어 번데기를 거쳐 흰나비가 되는 과정에서 7개 모두 다 성공하였다. 아이들의 배추 흰나비에 관련된 과학수업은 또 성공하였고 모두 대만족이었다. 이 과정에서 중요한 사실을 알게 되었다. 나비가 번데기에서 나와 몸이 아직 축축할 때는 날지 못한다는 것이다. 아이들 모두 흰나비가 되는 과정에서 너무 눈물 흘리도록 감동하여 좋아하였다. 나도 마찬가지였다.

게다가 조용한 휴일을 지나고 출근하여 아침 일찍 교실 문을 처음 열고 들어갈 때...... 빈 교실에서 나비가 탄생하여 시간이 지나 아이들이 등교하니 잘 날게 되었다. 이 얼마나 고마운 일인가?

꼭 조용한 아침에 나비가 탄생하여 나를 반겨주는 모습에 하나님이 생명을 탄생시키시는 그 기가 막힌 경외감이랄까.....? 생명의 신비를 느끼며 계속 감탄하였다. 생명의 창조에 관한 감탄이 감사로 변하는 과정이다.

 이 작은 나비도 스스로 날갯짓을 하며 감탄을 주는데 왜 그동안 안 좋은 기억만 간직하고 속상해 하였을까? 나비를 보는 순간 안 좋은 일은 다 잊어버리고 싶었다.
 긍정에는 긍정하는 마음으로 시작되어 긍정의 얼굴 표정이 나오고 긍정의 말이 나오며 긍정의 행동이 나오게 된다. 결과적으로 긍정하는 삶은 당연히 긍정적인 결과를 낳는다.

 내가 잘 되고 싶다면 안 좋은 일만 기억하던 가난의 영혼에서 벗어나야 하고 내 마음의 독립과 시간의 자유를 누리고 싶다면 절대 좋지 않은 감정의 표현을 입밖에 내지 않아야 할 것이다.
 남을 헐뜯고 시기 질투하지 말며 나 스스로 해보지도 않고 안 된다는 식의 부정적인 마인드를 쓰레기통에 과감히 버려도 될 것이다.

 무엇이든 잘 될 것이라는 무한긍정의 마음은 고마운 일만 기억하게 되어 있다. 그렇게 확신하는 것이 정답이다. 내가 무엇을 해도 성공할 수 있다는 자신감과 확신이 생기는 태도는 우리가 사람과의 관계를 맺을 때 서운하고 섭섭한 것은 가능한 잊어버리고 고마운 일만 기억하려고 노력하는 태도가 중요할 것이다. 나에게 안 좋은 일만 기억하며 나 스스로 불쌍해지지 말아야 하겠다. 그 선택은 지금의 나 자신에게 달려있다.

 한 마리의 나비 탄생을 보며 나비에게 정말 고마왔다. 그 나비가 나에게 준 기쁨을 바라보듯 나 또한 작은 기쁨을 기억할 것이다.
 "나비야! 새로 태어나고 살아주어서 고마워!"
 라고 말하면서 앞으로 고마운 일만 기억하기로 마음먹었다.

여섯.
감사수첩으로 시작하는 하루

우리는 살아가면서 '감사합니다!' 라는 단어를 많이 사용하고 있다. '감사(感謝)'는 중국어에서도 쓰이고 있고, 비록 17세기의 원본이 전하여진 것은 아니지만 우암 송시열 선생의 '계녀서'에도 등장하므로 일본에서 만들어진 말이라는 것은 좀더 확인이 필요하다고 한다.

그리고 '감사'는 한자어라 하더라도 이미 우리말에서 확고한 위치를 가지고 널리 사용되고 있으므로 우리말로 간주하여도 별다른 문제가 없다고 보는 이도 있고 어떤 사람들은 고유어인 '고맙습니다'라는 단어를 좀더 사용할 것을 권하기도 한다. '고맙다'는 '존귀하다, 존경하다'는 뜻을 지닌 말로 '신과 같이 거룩하고 존귀하다, 신을 대하듯 존경하다'라는 뜻을 지닌 말이라 한다. 그래서 우리 고유어인 '고맙습니다'라고 말하는 것은 은혜를 베푼 상대방에게 신과 같이 거룩하고 존귀하게 생각한다는 뜻이 된다.

그러나 '감사'라는 명사와 '감사합니다'라는 동사를 우리 생활 속에서 멀리하고 갑자기 사용을 안 하기는 쉽지 않은 일이다. '고맙습니다'와 '감사합니다' 둘 다 좋은 뜻임에는 차이가 없기 때문이다. 최근 감사를 기록하는 수첩으로 하루를 시작하며 느꼈던 일들을 되돌아보니 감사는 하면 할수록 더하기 감사, 곱하기 감사가 나온다는 것을 깨달았다.

나는 몇 년 전에 예기치 못한 여러 가지 질병의 악화와 직장에서의 억울하고 불미스런 사건으로 인하여 인생 최대의 위기를 맞이한 적이 있었다.

그 당시에는 아무리 감사와 고마움의 좋은 단어의 뜻을 잘 이해하고 있어도 나의 실제 생활에서는 고마움과 감사가 별로 없는 시간들이었다. 매일 그런 좋은 뜻의 말을 한 마디도 입밖에 내기 어려웠으며 하루하루 실의와 좌절과 함께 분노에 가득 찬 나날을 보내고 있었다.

그때 나는 비장한 결심을 하고 명퇴서류를 작성하여 가방 속에 넣고 다녔다. 손때 묻은 물건들과 이별할 생각을 하며 여러 가지 신변정리 목록을 작성하면서 지내는 나의 상황은 항상 즐겁지 않았고 웃음이 사라진 기쁨없는 날들이었다.

어느 날 우연히 통합게시판을 보다가 어떤 직무연수 관련 공문을 알게 되었다. 연수 내용은 주로 긍정심리학과 행복교육에 관련된 것이었다. 행복이라는 두 글자의 단어가 자꾸 내 마음 속에서 회오리치고 있었다. 신앙생활을 젊을 때부터 오랜 시간 지내고 있었음에도 어느새 내 마음 속은 좋은 일만 일어나고 좋은 환경이 있어야만 당연히 행복할 것이라는 평소의 잘못된 신념이 자리잡고 있었다.

여러 가지 힘든 일로 이왕에 직장도 그만두기로 마음먹었으니 이번에 마지막 직무연수를 하며 행복이라는 단어가 어떻게 나를 장식할지 한번 알아보고 싶었다. 그렇게 그 해 여름에 시작한 연수는 어느덧 자석에 이끌리어 가듯 나는 기초연수와 심화 및 고급 과정 연수까지 거쳐 일년 이상을 행복교육에 관련된 연수를 공부하게 되었다.

그 과정 속에서 세 가지의 과제가 있었는데, 첫째 디지털 사용 금지 시간을 기록하기, 둘째 매일 작은 운동이라도 실천하여 기록하기, 그리고 마지막으로 아무리 작은 일이라도 매일 감사하는 내용을 몇 가지씩 기록하는 것이었다.

앞의 두 가지는 조금씩 실천을 해나가며 기록하는 일이 그리 어렵지는 않았다. 그렇지만 매일 작은 일이라도 감사목록을 쓰는 것은 정말 쉽지 않았다. 처음에는 진부하고 낡은 방식으로 별볼일 없는 감사내용을 억지로 쓴 것 같다. 그런 식으로 대충 적당히 기록하며 하루 이틀 지나고 한두 달이 지났을 때, 갑자기 심장 속에서 용트림치며 솟구치는 말씀이 내 머리 속에 떠올랐다.

하박국처럼 우리 삶에 견디기 힘든 고난과 역경이 찾아왔을 때 감사함으로 다 이겨내고 인생의 역전을 만들어내는 장면이 떠오르면서 감사내용을 기록하는 도중 갑자기 여러 가지 혼합된 감정의 쓰나미로 감사수첩 위에 눈물이 방울방울 흘러내렸다. 게다가 눈물을 닦으려고 가방 속에서 티슈를 찾다가 우연히 가방 밑바닥에서 내가 오래 전에 작성해 놓았던 너덜너덜해진 명퇴서류 종이를 발견하게 되어 더욱 가슴이 먹먹해졌다.

그날 이후 감사할 내용의 기록이 갑자기 많아졌다. 감사내용을 수첩에 기록하면 할수록 쓸거리가 계속 풍부해지고 나중에는 수첩의 지면이 모자랄 정도까지 감사할 목록이 자꾸 생겨나게 되었다.

감사 명언 중에 '아침에 일어날 때마다 그날 해야할 일이 있음에 감사하라'(킹슬리의 말)는 말이 있는데 내가 딱 그런 경험을 하게 되었다. 내 주변에 좋은 것, 좋은 일 등이 생겼을 때 감사하던 그런 싸구려 종류의 감사와는 비교가 안될 정도로 비싼 감사가 무엇이고 진정 고난 속에서 찾아내는 진주같은 보석의 감사를 깨닫게 되었다. 즉, 고난이 보자기에 싸여있는 축복의 감사함을 진실하게 느끼게 되었다. 그리고 눈을 떠서 출근하고 출근하자마자 바쁘게 해야할 일이 있다는 사실에 감사함을 진정 느끼게 된 것이다.

'가장 축복받는 사람이 되려면 가장 감사하는 사람이 되라!'는 C.쿨리지의 유명한 말도 있지만 주님을 알고 주님을 믿는 우리는 이미 축복받은 사람이 된 것이다. 알고 보니 감사하면 행복한 것이고 내 맘속의 행복은 이미 주님께 늘 감사함으로 비롯되는 것이었다.

우리는 하나님이 주신 최선의 것을 사용하여 감사함을 터득할 수 있다. 고난이 보자기에 싸여진 축복처럼 이렇게 비싸고 고급스런 감사를 체험한 이후, 나는 오늘도 감사수첩에 감사목록을 기록하며 하루를 시작한다. 이제는 오늘 일어날 일을 섞어보기도 전에 미리미리 감사하는 마음으로 그날을 시작하며 감사수첩을 열어서 기록하게 된다.

"비록 무화과나무가 무성치 못하며 포도나무에 열매가 없으며 감람나무에 소출이 없으며 밭에 식물이 없으며 우리에 양이 없으며 외양간에 소가 없을지라도 나는 여호와로 인하여 즐거워하며 나의 구원의 하나님으로 인하여 기뻐하리로다!" (하박국 3:17-18).

일곱.
가슴에 품어온 마지막 작은 예배

창밖의 나뭇잎이 붉게 물들어가는 어느 가을날이었다. 그날은 하루종일 애들과 씨름하며 유난히 힘든 수업을 마친 나른한 오후였다. 그런데 그런 피로와 나른함을 변신시킬 한 통의 전화가 걸려왔다. 친한 대학 동문 후배의 반가운 목소리에 귀가 번쩍 뜨였다. 옛 은사님이 은퇴 이후 캐나다에서 여생을 보내셨기 때문에 오랜 기간 못 뵈었는데, 추운 캐나다 날씨보다 좀 덜 추운 서울에서 겨울을 보내고자 캐나다에서 한국으로 나오셨다고 한다. 너무 반가운 마음에 열일을 제치고 퇴근하자마자 약속 모임 장소로 한걸음에 달려 나갔다.

세월이 많이 흘러서 이제는 머리가 온통 은발인 노교수님을 만나서 우리는 서로 끌어 안고 무척 반가와 하였다. 그리고 막 눈물이 나오기도 하였다. 교수님과 너무 오래간만에 만나는 자리이기도 하였지만 이제는 교수님이 너무 연로하셔서 그때 약속 장소에 나가서 교수님을 그날 못 뵈면 영영 후회하고 마지막 모습일지도 모른다는 두려움과 나중에 하늘만 허무하게 쳐다볼 것 같은 불안감이 있었기 때문이다.

그러나 막상 뵙고 보니 목소리도 예전의 그대로이시고 입가에 번지는 잔잔한 미소와 언제나 우리에게 야단치시며 잔소리하시던 특유의 억양도 그대로이셨다. 게다가 구순이 훌쩍 넘으신 나이에도 저녁식사를 생각보다 잘 드셔서 너무 감사하였다.

우리가 교수님과 안부를 주고 받을 때 약간의 치매끼가 조금 있으시고 귀가 좀 어두워지셔서 말하는 내용을 좀 더 크게 말씀드리고는 했지만 그래도 우리는 대학 동문들과 무척 즐거운 시간을 보냈다.

다른 친구들 이름은 잘 기억 못하셔도 내 이름은 다행히 기억해주시니 나는 너무나 기분이 좋았다.

그러나 어떤 선배나 후배의 이름은 잘 기억을 못하셔서 우리가 여러 번 다시 그 이름을 알려준 적도 있었고 방금 했던 질문을 또 하고 또 하셔서 우리는 세 번, 네 번까지 똑같은 말을 대답한 적도 있었다. 그래도 곱게 세월을 흘려 보내신 모습은 여전히 아름다우셨다.

추억의 저녁시간을 즐겁게 지내고 집으로 돌아오는 길에 지금부터 몇 십년이 훌쩍 넘은 이화의 졸업식 전날 모습이 생생하게 떠 올랐다.

　교수님께서는 졸업이 얼마 안 남은 추운 겨울에 마지막 잊지 못할 추억의 종강시간을 만드셨다. 옛날 아름다운 이화의 교정에는 사범대학만 유난히 비포장 도로라서 울퉁불퉁 하였는데 우리는 그 길을 예수님 골고다 언덕길로 이름 붙이며 걷기도 하였다. 교수님께서는 5층 사범대학 율동실 홀에 우리들을 모아 놓으시고 마지막 종강 티파티를 열어주셨다.
　지금 생각해도 어떻게 그렇게 해마다 졸업하는 제자들에게 종강 파티를 빠짐없이 하셨는지 참으로 대단하시다. 그 건물은 엘리베이터도 없는 낡은 건물인데 집에서 손수 끓인 한방차를 누런 큰 들통에 담아서 이대 후문에 있던 그 분의 집에서부터 사범대학 건물 5층까지 날라 가지고 오신 것이었다.
　물론 요즘같이 흔한 개인용 자동차도 없으셨다. 그 당시 우리에게 나누어 주신 개인용 예쁜 접시, 정갈한 쿠키들, 우리들 마음을 녹여주는 따뜻한 차의 향기를 떠올리다 보면 지금도 나도 모르게 눈시울이 뜨거워진다.

　우리가 이화를 졸업하고 사회에 진출하였을 때의 몸가짐과 마음가짐, 특히 사범대학을 졸업하여 가장 훌륭한 일은 교사로서의 사명감을 가지고 이 나라의 인재를 잘 키워서 보람을 느끼는 것이라고 하셨고, 교육에 대한 사랑과 열정을 많이 가지라고 강조하셨다. 그리고 언제나 이화의 긍지를 지니고 가슴은 뜨겁게! 머리는 차갑게! 라는 문구를 말씀해 주시며 이화인답게 올바로 행동하라는 당부를 잊지 않으셨다. 교수님이 베풀어주신 마지막 작은 예배 속에서 우리는 가장 중요한 하나님 사랑을 배우게 되었다. 졸업을 앞둔 우리들에게 정성껏 기도해주시고 작은 예배를 드리며 다 같이 찬송과 캐롤을 불렀다.

특히 그때 불러 보았던 영어로 된 찬송가 악보와 영어 캐롤이 나는 너무 인상적이어서 내가 교단에 발을 들여 놓은 이후 겨울방학이 되면 나도 우리반 아이들을 모아놓고 크리스마스 캐롤을 영어로 가르쳐주고 같이 부르며 교수님 흉내를 조금이라도 내 보려고 애쓰기도 하였다.

평소에 선생님께서 좋아하시던 "참 아름다워라 주님의 세계는......"이라는 찬송가를 나는 가끔 몇 십년 동안 "참 아름다워라 이화의 세계는......"이라고 가사를 바꿔 부르기도 하였다.

워낙 교수님이 규칙적인 일과와 운동 및 섭생 등 본인 몸건강을 철저히 관리하셔서 우리는 늘 감동을 받기도 하였다. 구순을 이미 오래 전에 지내시고도 몇 년 후에 백세를 바라보시는 교수님의 꼿꼿한 자세는 우리들에게 항상 교훈이 되고 있다. 그래도 본인 나이는 잊어버린지 오래 되었고 누가 나이를 물어본다면 본인의 나이는 영원히 "forever! fortyfive! 즉 영원한 45살!"이라고 대답한다는 유머도 잃지 않으셨다.

어릴 때 나는 막연히 신촌에 사는 친구집에 놀러갔다가 이화의 언덕 너머 있는 멋진 대강당 건물을 멀리서 바라보고 이화인이 되고자 동경하였다. 대강당을 올려다 보며 갈망하던 한 어린 소녀의 모습에서 지금까지 이화인의 모습으로 살아가게 되었고, 잊을 수 없는 학창시절의 소중한 추억과 존경하는 은사님까지 얻을 수 있었던 것은 분명 내 인생의 귀하고 귀한 하나님의 큰 축복이라 생각한다. 해마다 가을이 지나 겨울이 되고 졸업 시즌이 다가오면 언제나 나의 가슴에 품어 온 마지막 작은 예배가 종소리처럼 울려 퍼진다. (나의 사랑하는 은사님이신 이숙례 교수님은 2014년 12월에 돌아가셨다.)

여덟. 행복연구회

 지금부터 약 6년 전의 일로 기억이 된다. 학급에서 일어난 불미스러운 사건이 풍선처럼 확대되더니 나의 명예가 한 순간에 없어지는 불쾌한 위기가 찾아온 것이다. 작은 오해로 비롯된 것이 이상한 소문으로 힘씨이자 갈잡을 수 없이 학부모들 사이에 내가 아동학대나 아동폭력교사로 낙인찍힐 뻔하였다.

 못된 사람의 거짓말이 한번 날개 돋쳐 팔려나가면 이런 식으로 사람이 매장당하는구나를 실감하며 연예인들의 스캔들나는 입장도 이해가 되었다. 나는 너무 억울하여 명예훼손 소송이라도 걸고 싶었으나 주변에서 시간도 더 오래 끌고 나의 심신만 더 지칠거라 조언하며 자존심 많이 상처받았다고 그런 소송을 하지 말고 좀더 좋은 다른 방법을 강구하자고 하였다.

그래서 교장, 교감과 여러 번 의논하여 그 소문의 주동자인 학부모를 교장실에서 만나 오픈된 자리에서 혹시라도 아이를 대할 때 서운한 점이 있었다면 나로 인하여 비롯된 것이니 너그럽게 용서하시라고 내가 먼저 양보하여 말하였다. 그대신 진짜 일어난 사건의 내용의 자초지종은 지금까지 이런 내용이었다고 차분하게 설명하며 나도 상처를 많이 받았으니 사과를 어느 정도는 받고 싶다고 하였다. 중간 역할로 학급대표 어머니가 사과를 하며 죄송하다고 하였다. 나에게 노여움 푸시고 앞으로 어머니들이 열심히 학급 일에 더욱 협조하겠다고 말하여 잘 처리되었다. 일은 잘 해결돼가는 듯했지만 한동안 그 생각만 하면 밥맛이 뚝 떨어졌다.

그 일이 있은 후 나는 처음으로 신경정신과 의사를 찾아가서 울화가 치밀어 분했던 마음으로 불면증이 오고 소화불량에 걸린 것에 대하여 상담하고 며칠 동안 안정제를 먹고 나니 많이 회복되었다. 그리고 오히려 내가 계속 그들을 위해 미워하지 말고 도와야겠다는 생각으로 학교담당 사회복지사에게 연락하여 심리상담을 부탁하니 도울 수 있다 하였다. 일주일에 두 번씩 주기적으로 그 문제아와 문제부모를 계속 설득하여 심리상담을 받게 주선하였다. 시간이 지나자 상담받은 효과도 잘 나타나고 관계도 개선되었다.

옛날에는 스승의 그림자는 밟지도 않는다 하였지만 그건 진짜 고조선 시대의 이야기이다. 그림자는 커녕 요즘 교권은 땅바닥이 아니라 지하 깊은 굴속에 떨어진지 오래 된 편이다. 그래서 대부분 요즘 교사들은 귀찮은 것이나 복잡한 문제에 휘말리고 쉽지 않아 적당히 처신하고 아동과 학부모간의 힘든 관계가 형성되면 부글부글 끓어오르는 화를 삭히고 스트레스를 많이 느껴서 진정 훈육을 회피하고 잘 안하려고 한다.

그러나 시대가 아무리 변하였다고 해도 나도 사람이기에 어느 정도 참는데 한계가 있다. 특히 못된 학생이 계속 아이들을 늘 괴롭히고 수업을 방해하며 교사에게 욕설을 퍼붓는데 어찌 기본적인 훈육을 안하고 가만히 있겠는가? 나도 처음엔 어느 정도 참았다가 결국 훈육하는 과정에서 일어난 일이 오해가 거듭되며 이상한 사건으로 진행된 일이었다. 일은 나중 잘 치리되고 해결되였으나 그당시 나의 자존심과 명예가 땅바닥으로 추락하는 것은 정말 견디기 어려웠다.

어느덧 방학이 다가와 기분전환을 하려고 괜찮은 연수 하나 들어야겠다고 생각하였는데 때마침 서울대 행복연구센터에서 하는 행복교육연수의 공문이 눈에 들어왔다. 그 때만 해도 행복교육연수라는 것은 들어보지 못하여서 "행복연수? 이게 뭔가? 제목도 희안하구나!" 생각하며 그동안 감정이 행복하지 못함을 느꼈으니 어디 얼마나 행복해지는지 한번 들어보자는 심정으로 신청을 하였다.

오래간만에 느껴보는 서울대 관악산의 맑은 공기는 옛날 남자 친구의 축제 파트너로 초대된 이후 처음 맡아보았다. 20대 초반의 서울대 축제의 추억을 소환시키기도 하고 대학 캠퍼스를 걸어보니 딱딱한 교육청 연수와 비교도 안될 만큼 분위기가 좋았다. 연수를 진행해주시는 스탭 연구원님들의 친절한 행동에도 감동이고 행복연구센터장으로 계시는 심리학과 최인철 교수님의 행복관련 강의도 감동이었다.

연수를 다 마치고 스스로 내가 행복해지는 마음도 들었고 연수를 더 듣고 싶다는 아쉬움도 생겼다. 나는 그때 그 연수듣기가 처음이라 기초행복연수였는데 알고보니 심화행복연수, 행복대학까지 연수를 받는 코스가 있었다. 지난날의 기분 나쁜 감정들이 깔끔히 사라지며 나만의 회복탄력성을 가지고 원래의 나로 돌아온 것 같았다.

성질 급한 내가 가만있을 리가 없었다. 매주 토요일마다 계속 관악산으로 가서 하루종일 연수코스를 들으며 긍정심리학을 공부하고 아이들에게 행복교육을 지도하는 방법을 교사들과 공유하였다.

서울대에서 연수를 할 때 늘 강조해오던 말이 있었다. "교사가 행복해야 아이가 행복하다!"는 그 말이 정말 맞다. 참으로 재미있는 것은 정말 내가 좋아하고 원해서 연수를 듣다보니 계속 더 공부하고 싶은 갈급함이 생겨났다. 시간이 흐르며 나는 행복대학도 멋지게 졸업하고 결국 행복연구회 회원이 되었다. 언제나 훌륭한 교수님들의 강의도 더 많이 들었고 전국의 좋은 교사들을 만나며 교류의 장을 넓히게 되었다.

토요일을 반납하고 아침 일찍 나가서 공부하고 같이 연수를 듣고 오밤중에 집에 들어와도 그런 날은 하나도 피곤하지가 않았다. 그러니 행복한게 당연한 것이었다. 학급을 맡고 있는 아이들에게 행복수업을 하기로 마음먹고 매주 금요일 마지막 시간은 행복수업의 날로 정하고 가르쳤다. 이이들 수준에 맞추어 행복이론의 개념에 따라 시도해보고 교과서와도 연계시켜 보았다. 교과서 만들 때 행복과목이라는 것을 아예 따로 넣어서 전국의 모든 학생들이 커리큘럼의 한 과정으로 배워야 한다는 생각이 들었다.

나만 그동안 연수를 공부한게 아까워서 선배, 후배 등 많은 교사들에게 행복연수를 들으라고 계속 권하였고 친구들을 만나도 나 자신을 위한 행복심리 이야기만 자꾸 하니까 아예 내 별명을 행복전도사라고 이름 붙여준 사람도 있었다.

사람마다 살아가면서 많은 일을 경험하지만 특히 힘든 일이 다가올 때 이불 속에 들어가서 자기만 속상하고 불행하다 여기며 웅크린다고 해결된 일은 없다. 나 스스로 이불 속에서 얼굴 내밀고 빠져 나와야 한다. 행복은 연습해야 한다고 하였고 행복은 전염된다고 하였다. 스스로 나 자신을 위해 찾아가고 만들어야 한다.
　지금은 교직을 은퇴하여 행복연구회를 이제는 탈퇴해야 하나 하고 고민이 많은 편인데 행복연구센터에서 내가 나이 많다고 강제로 쫓아내지 않는 한 계속 연구회에서 교수님들의 좋은 강의도 듣고 싶고 행복연구회 교사들과 교류하며 인연을 맺고 싶다. 순전히 이건 나를 위한 일이다. 어릴 때부터 국어나 수학처럼 행복이라는 과목이 정식으로 정해져서 고등학교, 대학교까지 교육과정이 이어져 있으면 얼마나 좋을까 생각해본다.

아홉. 말투

　성공하기 위해서는 당신의 말투부터 바꾸라는 말이 있다. 아이들을 가르치다 보면 우리는 직업상 굉장히 많이 말을 하기 때문에 목도 많이 상하고 입도 아프다. 그러나 본인의 말투 습관은 고치기 어려운 편이다. 특히 어린 시절부터 말하기를 바르게 해야 한다는 믿음은 변함이 없다.

　처음 새 학급이 형성되어 전체적으로 학부모 상담을 하면 늘 강조를 한다. 아이들을 학교에 보낼 때 옷을 이쁘게 입혀 보내는 것에 신경을 쓰기보다는 말을 예쁘게 하는 아이로 신경 써 달라고 한다. 나는 옛날 초년교사 시절부터 아무리 어린 1학년이라도 존대말로 수업을 하도록 습관이 되어 있었다. 나의 첫 직장은 그 정도로 아이들을 존중하는 곳이라서 내 동료 교사들 모두 그런 식으로 생활하였다.

나중에 내가 개인적 일이 생겨서 퇴직하고 좀 쉬었다가 교원임용고사를 다시 보고 발령을 받아서 새 학교에 들어가니 아이들에게 하는 몇몇 교사의 말투를 듣고 너무 경악하였다. 또한 아이들 말투도 무척 거칠었다.

시간을 어떻게 쓰느냐에 따라 그 사람의 인생이 달라진다는 말이 있다. 당연히 우리 역시 말을 어떻게 쓰느냐에 따라 천냥 빚을 갚는다는 말도 우리는 수없이 들어왔다. 그러므로 말 한마디 때문에 사람들 사이에 갈등이 생기고 상처를 받고 힘을 얻기도 하는 것이다.

내가 해마다 아이들에게 강조하던 말이 있었다. 욕하지 말아라 백번 말해 보아야 소용없었다. 그냥 내 말을 따라서 크게 말해 보라고 시킨다.

"가는 말이 고와야 오는 말이 곱다."

그 문장을 5번 이상 말한 다음 싸워 보라 하거나 서로 존대말로 말하기 날을 정하여 하루를 지내보게 하면 아이들의 말투가 금방 달라진다.

심지어 아주 유명한 책 에모토 마사루의 〈어린이를 위한 물은 알고 있다〉에도 말에 관한 실험으로 큰 반향을 일으켰으며 어린이에 관한 눈높이로 말에 대하여 잘 설명해주고 있다.

　예전에 방송에서 말의 힘이라는 실험을 밥을 가지고 했던 내용이 있어서 아이들에게 소개해주고 우리 반 전체에게도 같이 실시하였는데 정말 놀라운 효과가 나타나서 나도 감동받고 아이들도 감동받아 그 다음부터 아이들의 말투가 싹 달라진 경우도 있었다.

　실험 내용은 어렵지 않다. 똑같은 조건으로 밥을 담아두고 한쪽에는 좋은 말, 다른 한쪽에는 나쁜 말을 우리 반에서는 한달에서 한달 반 정도 실시하였다. 그리고 나서 밥에 피는 곰팡이의 모양을 알아보는 실험이다. 좋은 말은 당연히 고마워, 사랑해, 감사해, 이런 것은 기본이고 너가 최고야, 너는 너무 멋져, 난 네가 제일 예뻐 등등 다양하게 할 수 있다.
　다른 한쪽 밥에 하는 나쁜 말은 니는 미워, 저리 가, 꼴보기 싫어, 이 나쁜 놈아, 넌 바보야, 등 온갖 욕도 섞어서 사용한다.
　실험의 결과는 당연히 나쁜 밥 쪽의 곰팡이가 훨씬 더 많이 피어나고 모양도 더럽고 보기 싫은 곰팡이들이 피어났다.

　말의 힘은 아니지만 클래식 음악을 들려 준 양파가 더 쑥쑥 잘 자라나는 실험도 유명하다.
　항상 3월 첫날 새 학급에서 아이들을 만나면 나는 작은 쪽지에 프린트하여 정채봉의 시 〈만남〉을 알림장에 붙이고 일년 동안 간직하라고 하였다. 그리고 우리도 좋은 만남을 서로 한해 동안 이어가려면 말을 이쁘게 하는 습관부터 기르자고 하였다.

　말투는 성공과 실패를 가르는 습관이 될 수 있다고 생각한다. 평소에 쓰는 말의 중요성은 아무리 강조해도 지나치지 않으며 말투가 곱고 신뢰성이 있으면 사람 관계의 만남이 진심으로 형성되는 법이다.

〈만남〉
　　　　정채봉

가장 잘못된 만남은
생선과 같은 만남이다
만날수록 비린내가 묻어오니까

가장 조심해야 할 만남은
꽃송이 같은 만남이다
피어 있을 때는 환호하다가
시들면 버리니까

가장 비참한 만남은
건전지와 같은 만남이다
힘이 있을 때는 간수하고
힘이 닿아 없어질 때에는 던져 버리니까

가장 시간이 아까운 만남은
　　지우개같은 만남이다
　　금방의 만남이 순식간에 지워져 버리니까
　　가장 아름다운 만남은 손수건같은 만남이다
　　힘이 들 때는 땀을 닦아주고
　　슬플 때는 눈물을 닦아주니까

　아이들과 만남이라는 시를 같이 읽어보며 이야기 해준다. 해마다 우리가 좋은 만남을 이어가려면 서로 좋은 말투, 이쁜 말투로 말하며 지내자고 하였다. 나는 아이들에게 얼굴 이쁜 아이보다, 옷을 예쁘게 입은 아이보다 말을 이쁘게 하는 아이가 훨씬 더 이쁘고 좋다고 강조하였다. 이 점은 어른도 물론 마찬가지라고 생각한다.

열.
어머니와 도시락 추억

우리가 어린 시절에는 요즘처럼 학교마다 급식시설이 없으니 항상 도시락을 가방 속에 넣어 가지고 다녀야 했다. 그때는 가정마다 대부분 자녀들이 지금처럼 한두 명도 아니고 그 당시는 기본 형제가 4~5명이 보통인 것 같았다. 그런 형제들의 도시락을 싸주기 위하여 어머니는 새벽부터 일어나셔서 준비하셨다. 가스레인지도 없던 시절에 새벽부터 밥을 지으시던 연탄불 아궁이만 생각이 난다. 대부분의 어머니들이 그렇게 힘들게 밥을 하셨다.

우리집은 가정에 거주하는 식모가 있었는데도 어머니는 손수 도시락을 싸시고 계셨다. 특히 소풍가는 날 김밥을 싸려면 새벽 3~4시 쯤에는 일어나서 부지런히 준비하시던 기억이 난다.

최근에는 소풍가기 하루 이틀전 학교근처의 김밥집에 예약 주문이 밀린다. 옛날 어머니들을 생각하면 애처롭기도 하고 정말 대단하다는 생각을 하는데 어머니가 대단한 여러 가지 중에서 그 중의 하나는 늘 도시락 생각을 하게 된다.

내가 너무 입맛이 한식보다는 양식에 치중하니까 내 도시락 반찬은 소세지나 계란이 많은 편이었다. 따가운 말투로 직언을 잘 하는 친구는 너는 왜 김치는 잘 안 싸오냐 하면서 영양가 있는 반찬 좀 그만 먹으라고 하였다. 그 말에 나는 주눅이 들어 반찬이 창피하여 도시락 뚜껑을 덮고 먹는게 아니라 그 친구의 가시돋친 말 때문에 도시락 뚜껑을 몰래 덮고 먹었다.

게다가 혼분식 장려로 갑자기 잡곡밥 검사를 하는 날은 내가 가져온 흰 쌀밥에 남의 잡곡 얻어다가 심어놓기에 바빴다. 생각해 보면 모두 추억의 검정고무신 같은 내용이지만 지금 학생들은 아무리 말해주어도 전혀 겪어보지 못한 일이기에 어려운 경제 사정의 그 옛날 나라 시절을 모를 것이다. 가끔 학급에서 검정고무신 만화를 보여주며 아이들에게 옛 이야기를 해주면 신기하게 듣는다.

어느 날 아침에 어머니가 나에게 도시락 세 개를 주시며 잘 가져가라고 하셨다. 소풍날은 으레히 담임 선생님 도시락을 가져다 드렸지만 소풍날도 아닌데 왜 그러나 하였더니 소풍은 아니지만 당분간 계속 어머니가 싸주는 도시락을 세 개 주면서 하나는 내가 먹고 나머지 두 개는 무조건 담임 선생님 책상 위에 올려 놓으면 된다고 말씀하셨다.

　무슨 이유인지는 모르지만 그냥 시키는대로 하였다. 그리고 어머니도 나에게 도시락 이야기에 대하여 일체 말씀 안하셨다. 세월이 많이 흐른 다음 친한 친구를 통하여 알게 된 사실이다. 그 아이도 가끔 그런 일이 있었다는 것이다. 그 때는 도시락도 못 싸올 정도로 어려운 형편의 아이들도 많았다. 담임선생님은 그런 아동을 파악한 뒤에 학급에서 두세 명 정도 골라서 우리 몰래 그들에게 주기 위한 도시락을 어머니께 부탁한 것이었다.

　정말 밥을 못먹을 정도로 힘들게 자란 어르신들은 가끔 예전에 밥도 못먹고 수돗물로 배를 채웠다는 이야기도 하신다. 나한테 아무 말씀 안하시고 여유분의 도시락을 새벽부터 준비해주신 어머니와 그 도시락을 받아서 점심을 못 먹는 아이들 도시락을 해결하려고 챙겨주시는 담임 선생님의 마음을 헤아려 보면 가슴 한쪽이 시려온다.

　나 역시 교직에 있었지만 어떤 아이의 가정형편이 어려워 수학여행 못가는 돈은 내가 해결해주고 장학금 신청은 해주었어도 도시락 문제만큼은 그 당시처럼 해결할 자신이 없었다. 그 열악한 시절 그런 역할을 몰래 하신 교사들과 어머님들이 존경스럽다. 또한 나 역시 학부모 노릇을 해보았지만 내 아이의 담임이 몰래 연락와서 여유분 도시락을 두 개씩 싸달라고 요청하면 감당할 자신이 없다.

　지금도 창밖에는 비오고요~가 아니라 지금도 창밖에 오토바이 굉음소리가 징그럽다. 모두 다 배달음식 나르는 소리다. 식사 시간이 가까워지면 배달맨들은 총알맨 같다. 혹시라도 복지제도 차원으로 가정이 어렵고 힘든 아이들의 집을 찾아다니며 도시락을 배달해주는 배달맨이 새로 생겨난다 해도 옛날 어머님들이 직접 지어주신 따스한 도시락의 온기는 없을 것이다.
　더구나 자존심 상하지 않게 일체 비밀 유지를 하며 아이에게 전달하던 담임 선생님의 심정을 생각해본다. 최근 대형 마트에 가보니 노란색 양은도시락, 알루미늄으로 된 추억의 직사각형 도시락 시리즈세트를 팔고 있었다.

　날씨가 추워지면 반마다 난로 위에 올려 놓고 도시락을 데워서 먹었지만 형편이 어려웠던 아이들을 사랑하는 마음으로 감싸주던 담임 선생님과 그 방침에 기꺼이 도왔던 어머님의 따뜻한 마음씨가 난로에 올려놓은 도시락보다 내 가슴 속에 더 따뜻하게 전달된다.

열하나.
나를 키워준 스승들

지금까지 이 세상을 살아오면서 나를 키워준 좋은 스승들이 있어서 내가 여지껏 복을 받으면서 살아온 것 같다.

우선 첫째로 나는 좋은 부모님 밑에서 성장한 것이다. 부모님이 나의 가장 첫 번째 스승님들이다. 무슨 큰 재벌이나 권력을 행사하는 고위급 간부는 아니지만 나는 여유있게 구김살없이 밝게 자란 편이었다. 그리고 부모님은 남에게 베풀고 나눔을 실천하시는 편이었다. 특히 주변 친구들이나 동네 분들이 어떤 문제 거리가 생겨서 의논하러 오면 해결사 노릇을 하셨다.

가끔 관사 사택 뒷뜰에 있던 아버지의 온실 생각이 난다. 거기는 아버지의 서재같은 곳인데 아버지만의 공간이었다. 추운 겨울에 들어가면 후끈후끈 더웠고 아버지는 그곳에서 신문이나 책을 조용히 읽기도 하시고 가장 좋아하는 낚시대를 만지고 다듬으셨다. 그리고 화초를 워낙 잘 키우셔서 추운 겨울에도 온실에 가면 장미꽃을 볼 수 있었다.

누가 상담을 하러 찾아 오면 조용한 온실로 들어오게 하여 이야기를 듣고 대화를 해주셨다. 어머니는 주로 안방에서 찾아온 손님에게 차를 대접해주시고 편안하게 상담을 해주셨다. 어려운 일이 생겼을 때 해결사 노릇을 잘해주셔서 부모님에게 감사인사를 많이 하시는 모습을 여러 번 보았다. 그 분들은 지금처럼 심리학을 공부한 것도 아니고 상담사 자격증도 없는데...... 나는 그런 점에 대하여 나의 부모님을 스승들이라 여기고 있다.

두번째 스승은 내가 학교에서 만난 스승들인데 운이 좋아 좋은 분들이 많으셨지만 특히 초등학교 2학년 담임 안경옥 선생님과 대학 때 만난 이숙례 선생님이 가장 생각난다.

안경옥 선생님은 나를 너무 예뻐해 주셨다. 내 글씨가 본인 글씨보다 좋다고 칭찬하시며 그날 그날 매일 써야 하는 학급일지를 나에게 매일 방과 후 남아서 쓰게 하셨다. 선생님이 학급일지 내용을 불러주면 내가 받아 적었다. 하루의 학급일지 기록을 모두 적고 나면 내가 집에 갈 때 꼭 선물처럼 옥수수빵을 주셨다. 그 당시 간식 급식으로 먹던 옥수수빵은 아마 60년대에 초등학교를 다닌 사람들은 그 맛을 기억할 것이다. 내가 1966년도에 그 빵을 신나게 먹었으니까…… 요즘은 인터넷에 찾아보니 그 당시 추억을 살려 옥수수빵용으로 배합하여 만들어 파는 가루가 있다고 한다. 빵 흉내는 낼 수 있어도 내가 선생님 책상에서 일을 도와드리며 먹던 기분좋은 그 맛의 경험은 겪어본 자만 아는 법이다. 그외에도 그 선생님과 얽힌 아름다운 추억은 많은데 그런 추억들이 켜켜이 쌓이면서 나를 키워준 게 아닌가 생각한다.

대학 때 만난 이숙례 교수님은 인생의 평생 직업에 대한 프라이드를 심어 주신 분이다. 솔직히 의약학 계열을 못가면 인문계열의 영문과를 가고 싶은 열망이 있었다. 그때는 영어가 인기였고 영문학에 매력을 느끼고 있었다. 심지어 사범대학에서 교사 자격증을 부전공으로 취득할 수 있게 되자 영어교육과를 부전공으로 하여 중등 2급교사 자격증을 땄다.

그리고 아무리 지도 교수님이 초등교사만큼 보람된 직업이 없다면서 사명감을 가지고 나라에 헌신하며 이 나라 이 땅의 아이들을 위하여 봉사하라는 귀따갑게 듣던 그 목소리를 잠깐 외출시키고 나는 몰래 영어 중등 임용교사 시험을 보았다. 결과는 실패였다. 내가 벌받은 것인지 모른다. 왜 그렇게 영어에 미련이 남고 영문학이 멋져 보였을까? 그 당시 배운 워즈워드의 수선화 시는 아직도 입에서 중얼거려진다.

어쨌든 운명의 초등교사를 시작하게 되었다. 자리도 안나던 시절 교수님이 추천해주어 극적으로 들어갔는데 그 때 E부속학교 교장이 신참교사인 나를 믿고 써볼만 하냐 물으니 이숙례 교수님이 자존심 강해서 그런지 아니면 나를 예뻐해주어 그런지 모르겠는데 내가 100년 만에 한번 나올까 말까하는 교사가 될 거라고 강하게 추천하여 들어간 것이다. 예전에 미국에서는 아이들이 좋아하고 인정하거나 학부모가 좋아하거나 인정하는, 또 동료교사가 좋아하고 인정하는 이러한 세 가지 부류의 인정을 받으면 100년 만에 한번 나올까 말까하는 교사라고 닉네임을 붙인다는 이야기가 있었다.

내가 생각하기에는 교수님 본인이 추천하는 사람이 교사로서 자질이나 함량이 부족하지 않다는 것을 자존심상 내세우고 싶어서 그런 말을 한 것 같기도 하다. 그런데 이 말을 그대로 믿은 교장 선생님이 나에게 그 말을 전달하면서 그 정도로 지도교수님이 나를 좋게 인정하냐 하면서 더 열심히 일 많이 하고 잘 가르쳐야 한다고 다그치셨다. 그런 추천 사유의 부담감으로 스트레스도 있고 일도 많이 하였지만 한편으로는 늘 감사하기도 하고 한평생 교사로서의 기틀과 밑거름을 만드는데 중요한 역할이 되었다. 지금은 두 분 다 고인이 되셔서 그립기만 하다. 언젠가 하늘나라에서 뵈옵는 날에 감사하다고 다시 인사드리고 싶다.

세번째 스승은 시를 가르쳐 주신 안재찬 시인님이다. 남편이 사고로 다쳤을 때 한동안 병실에서 지냈다. 병실에서 소설책을 읽으려니 진도가 자꾸 끊어졌다. 그래서 서점에 가서 간편하고 가벼운 시집을 사와서 읽기 시작했다. 그러다 시의 매력을 알게 되었고 특히 나에게 위로의 시, 치유의 힘을 주는 시들에게 감동을 많이 받았다.

나도 시에 대하여 공부하고 싶다는 생각이 났을 때 하늘의 뜻으로 우연히 교회에서 옛날 동료를 만났는데 시 공부를 하러 가는데 같이 가자고 하였다.
정말 신기하였다. 그 이끌림에 따라 안재찬 시인님께 시를 배우고 지도받은 것이 정말 감사하기만 하다.

시 공부야말로 나를 진정 알게 하고 내 모습을 깊이 바라보게 하는 좋은 공부였고 시를 가르쳐주고 지도해주신 스승님께 감사드린다.
나는 살아오며 고통의 시간이 많았다고 말씀드릴 때 사람은 고통이 있어야 시를 더 잘 쓸 수 있다고 격려해 주신 말씀이 늘 가슴에 남아 있다.

모든 것을 돌아보면 나 혼자 거저 얻어지는 것이 아니었다. 내 인생에 좋은 스승님들을 만난 것은 행운이고 축복이었다.

그러나 진짜 가장 큰 스승님은 나의 하나님이시다. 나는 하나님의 축복과 은혜로 부모님, 선생님, 지도교수님, 시인님을 만났다. 그외에 좋으신 선배님, 후배님, 친구들, 동료들을 만나며 내가 아프고 어려울 때 기도를 받았고 격려와 응원의 힘을 얻었다.

그래서 별명이 이제는 재물부자가 아니라 사람부자라는 이야기도 있는데 이렇게 행복한 별명이 어디 있을까? 나를 키워준 좋은 스승들이 계셨기에 나중 나이들어서도 성장해가며 사람부자가 된 것이 아닐까 생각이 든다.

열둘.
잊을 수 없는 학부모

요즘은 꽃으로도 아이를 때리지 말라고 할 만큼 체벌을 허용하지 않는다.

사전적 정의로 체벌(體 罰, Corporal Punishment)은 몸에 가해지는 물리적인 벌을 말한다. 대한민국에서는 주로 가정이나 학교에서 교육을 목적으로 신체적인 고통을 주는 행위를 일컫는 표현이다. 고대사회부터 체벌은 세계적으로 교육(또는 훈육)에 있어서 빼놓을 수 없는 수단으로서 사용되어 왔다.

신체적 고통과 메시지 전달을 연결하는 '체벌'은 2021년 1월부터 한국의 법체계에서 사라졌다. 민법 915조는 "친권자는 그 자녀를 보호 또는 교양하기 위하여 필요한 징계를 할 수 있고 법원의 허가를 얻어 감화 또는 교정기관에 위탁할 수 있다"는 내용을 담고 있었다. 1958년부터 존속했던 이 조항은 2021년 1월 삭제됐다. 부모와 자녀의 체벌금지와 교사와 학생의 체벌금지법으로 올바른 훈육방법도 동시에 많이 제시되는 편이다. 내가 교사를 하던 젊은 시절에는 체벌이 허용되었고 나 또한 숙제를 안해오는 아이들과 교사의 말을 안듣고 수업을 방해하거나 말썽을 피우는 아이들에게 가끔 체벌한 적도 있었다. 아마 지금 같으면 나도 아동학대로 낙인이 찍혔겠지만 그당시 80년대 초반에는 교사들 사이에 그냥 일반적인 훈육방법이었다.

언제나 교사와 부모들은 아이들을 키우기 위한 올바른 훈육방법을 잘 생각하고 대해야 하는데 최근 교육현장이 날이 갈수록 어렵다보니 서로 많은 갈등을 느끼게 한다. 게다가 요즘은 교권도 바닥으로 추락하여 심심치 않게 부모가 교사를 폭행하는 일도 생겨났고 아이들이 교사에게 대들고 폭언, 폭행하는 일도 종종 일어나기도 한다.

결국 엇그제 뉴스에서 초등학생이 또 교사를 때려서 교사가 병가를 낸 사건이 발생하였다. 교육계의 서운하고 슬픈 뉴스를 들으면 마음이 심란하다.

경북 군위에서 3학년인 9살 아이가 교사가 자기 편을 들지 않는다 하며 교사의 뺨을 때린 것이다. 얼마 전에는 수업 중 교단에 올라가 교사 뒤에서 스마트폰을 찍는 일이 벌어지기도 하였다.

교육의 현장에서 교권 침해와 교권의 추락 사례들은 하루 이틀 사이에 벌어진 일이 아니지만, 최근에는 갈수록 빈도가 늘어나고 정도도 심해지는 추세라서 걱정이 되는 편이다.

최근 교사들은 학생들을 훈육하는 것이 무섭다 하고 그냥 담임을 맡을 때 적당히 아무 사고 없이 무탈하게 한 해를 끝내고 싶어 하는 교사들도 무척 많은 편이다.

가장 중요한 가정교육에서 부모의 역할도 마찬가지다. 요즘은 부모도 자기 아이들의 훈육을 책임감있게 교육시키기가 현실 속에서 참으로 어려운 편이다.

아이가 부모와 안정 애착을 형성하지 못했을 경우 교사와 안정적인 관계를 고착시킬 수 있다면 부모와의 관계를 보상받을 수 있다고 한다.

즉, 교사와 아이의 안정적인 애착관계는 부모와 분리된 상황에서 아이가 느끼는 불안을 완충시켜주는 역할을 한다고 할 수 있다는 것이다. 교사는 아이의 언어 비언어적인 시그널에 민감하게 상호작용 해주는 것을 부모들에게 요청하고 아이는 정서적으로 안정된 양육 환경이 필요해 보이는지 알아야 한다. 교사들이 아이에게 수용적인 태도를 갖고 아이의 언어 및 비언어적인 신호에 민감하게 상호작용한다면 아이는 훨씬 나아질 것이다. 부모와 교사가 서로 의논하여 아이를 걱정해주는 만큼 아이를 반갑게 맞아주고 안아주면서 안심시키는 등 부모와 교사의 보살핌이 필요하고 그만큼 인성교육과 생활지도가 절실한 편이다.

1984년도에 있었던 일인데 잊을 수 없는 학부모가 생각난다. K라는 4학년 아이가 있었다. 워낙 학교 전체 내에서 소문난 골칫거리이고 품행이 매우 나빠 1, 2, 3학년 담임 교사들이 그 아이를 담임하는 동안 애를 많이 먹었다. 4학년에 올라와 내가 그 아이를 담임하게 되었을 때 4년째 이런 식으로 지내면 안되겠다고 나도 마음을 단단히 먹었다.

　항상 아이들을 때리거나 괴롭히고 수업 방해는 물론 선생님에게 폭언을 하고 대드는 것은 다반사였다. 그 당시는 체벌이 허용되는 시기였어도 아이가 교사를 약올리고 도망가기 때문에 속수무책이었다.

　어느날 나는 하교 후 그 아이를 잘 달래며 조용히 잠깐만 교실에 남아달라고 요청하였다. 그리고 k어머니께 하교하자마자 아이와 같이 상담을 하자고 하며 교실로 오시라고 하였다. 그 날은 나도 마음의 준비를 하고 심각한 말씀을 드려야 하겠다고 결심하였다. 아이는 자기 어머니가 교실에 들어오니 무슨 일인가 의아해하는 눈빛이었다.

　3년 동안 담임들도 많이 힘들어 했고 친구들도 많이 괴로움을 당했으니 어머니께 나는 더 이상 담임을 하기 어려울 정도로 힘이 많이 든다고 하였다. 4년 째 이런 식으로 힘들게 지낼 수는 없지 않느냐 하면서 우리 학교의 방침에 맞지 않는 것 같다고 하면서 교감선생님과 의논하여 전학 문제도 같이 고려해보면 어떠냐고 하였다. 어머니는 그 말을 듣고 눈물을 흘렸다. 그러더니 가슴 속에서 무엇인가 꺼냈다. 자세히 보니 나뭇가지 같은 회초리였다.

　갑자기 종아리를 걷어 올리고 책상 위에 어머니가 직접 올라갔다. 나는 너무 놀라서 지금 왜 이러시냐고 물어보았다. 어머니는 자기도 열심히 훈육하려고 애를 써보는데 잘 안된다 하면서 죄가 있다면 본인이 야단맞는 수 밖에 없다 하면서 선생님이 자기 아들 대신 직접 본인의 종아리를 회초리로 실컷 때려 달라고 하였다.

게다가 자기 아들에게도 모든게 엄마가 잘 못 가르친 것 같다 하면서 아들에게도 직접 본인 종아리를 회초리로 때리라고 하면서 우셨다. 나는 예상치도 못한 일이었고 너무 놀라서 입을 다물지 못하였다. 갑자기 아들이 놀라서 울음을 떠뜨렸다. 아이와 내가 어쩔 줄을 모르고 손도 못대고 있는데 어머니가 어서 둘다 자기를 때리라고 재촉하더니 본인이 직접 자기 종아리를 회초리로 때렸다. K는 그 모습을 보고 엉엉 울면서 자기가 잘못했다고 다시는 말썽을 안 부린다고 말하였다. 나도 눈물이 핑돌아서 그만 진정하시고 책상 위에서 내려 오시라고 하였다. 지금도 그 일이 어제 일처럼 생생하게 기억이 난다.

그 일은 지금 생각해보면 무슨 드라마같은 일이었지만 그 일이 있은 후에 아이는 말썽을 안 부리려고 많이 노력하면서 조금씩 행동이 개선되었다. 학부모와 나는 긴밀히 아이에 대한 일로 수시로 연락을 주고 받으며 아이의 교육에 대하여 박자를 맞추어 나갔다. 나는 그 아이와 비밀일기 공책을 주고 받으면서 아이의 행동을 교정하는 프로그램을 조금씩 시작하였다.

세월이 지나고 새학년에 올라갈 때 아이는 보통 아이들처럼 잘 진급하였고 나중에 소식을 들으니 미국가서 잘 지낸다고 하였다. 부모와 자식관계, 교사와 학생의 제자관계를 생각할 때 언제나 잊을 수 없는 그 학부모의 회초리 생각이 많이 난다.

요즘 엄마들에게 똑같은 상황이 벌어지면 전혀 상상도 할 수 없는 일이고 그렇게 마지막까지 올바른 훈육을 위한 선택을 과감하게 시도하기 어려울 것이다. 그 학부모도 아이의 올바른 훈육을 위하여 끝내 포기하지 않고 일부러 자기 아들과 교사 앞에서 훌륭한 행동으로 용기내어 보인 것을 나는 잊지 못한다.

잊을 수 없는 그 학부모의 과감한 결단과 보자기에 싸온 회초리를 생각하며 나도 마음의 회초리를 가지고 바르게 아이들을 지도하며 살아야겠다고 생각하였다. 앞으로 교권이 더 이상 추락하지 않고 교사의 사기도 올라가며 부모의 자식에 대한 사랑과 올바른 가정교육으로 교육의 질이 높아지기를 간절히 바라고 있다.